fides
status

De la fe en Dios
al culto de Estado

fides
status

De la fe en Dios
al culto de Estado

ALEJANDRO CASTAÑO RODRÍGUEZ

Primera edición: abril de 2025

Del texto: © Alejandro Castaño Rodríguez

Prólogo: José Jorge

De esta edición: © Ediciones Pangea, 2025
41720 Los Palacios y Villafranca, Sevilla
www.edicionespangea.com

Edición al cuidado de José Peña Fierro
Diseño de cubierta: Darío Delos

ISBN: 978-84-129780-8-7
Depósito Legal: SE 839-2025

Impresión: Ulzama Digital
Impreso en España / *Printed in Spain*

A quienes nunca han dejado de creer:
Victoria, Juan Lorenzo y Margarita.

ÍNDICE

PRÓLOGO
Por José Jorge

En el umbral de la existencia, la fe se erige como una antorcha que ilumina el camino del ser humano, guiándolo en su búsqueda de significado y trascendencia. No se trata únicamente de la creencia en lo divino o en dogmas establecidos, sino también de ese impulso fundamental, casi instintivo, de creer, de entregarse a lo inasible y de hallar en la incertidumbre un faro que oriente nuestras vidas. La fe, en sus múltiples manifestaciones, ha sido a la vez cimiento y arma de doble filo: una espada que ha esculpido civilizaciones, forjado comunidades unidas por ideales etéreos y erigido barreras que dividen y oprimen.

Desde los albores de la humanidad, cuando el hombre primitivo contemplaba el misterio de la existencia a través de cultos animistas y rituales ancestrales, hasta la instauración de las religiones monoteístas y el advenimiento del dogma secular en la modernidad tardía, la fe ha servido de brújula, estandarte y ancla en la volatilidad de la existencia. En este recorrido evolutivo, *Fides Status. De la fe en Dios al culto de Estado* nos invita a explorar cómo las creencias han moldeado y siguen moldeando la estructura misma de nuestra vida, entrelazando en su tapiz hilos como la responsabilidad, la muerte y la concepción del tiempo, desde la visión cíclica de las religiones dhármicas hasta la linealidad impuesta por las tradiciones judeocristianas.

A lo largo de la historia, grandes pensadores han reconocido en este fenómeno la fuerza vital que estructura la existencia social. Aristóteles nos enseñó que el hombre es, por naturaleza, un ser social, en el que la creencia y el ideal se entrelazan para cimentar lazos profundos. Platón, mediante la alegoría de la cueva, nos invitó a abandonar la penumbra de lo aparente y a buscar en la luz del conocimiento aquello que solo se alcanza a través del acto de creer. Kant y Hegel profundizaron en la inherente tensión entre la razón y la fe, recordándonos que, en el límite de lo racional, somos impulsados a postular la existencia de un orden moral superior.

Nietzsche, desafiando las verdades establecidas, proclamó la «muerte de Dios» y advirtió sobre el vacío que podría dejar la ausencia de una fe trascendental. Su crítica puso de relieve cómo, cuando la fe se adhiere ciegamente a dogmas, puede transformar la vitalidad en rigidez y convertir la vida en un teatro de sombras. En tiempos modernos, Émile Durkheim y Max Weber analizaron el papel de la fe como mecanismo de cohesión social y, a la vez, como instrumento de poder. Durkheim enfatizó la capacidad de la religión para unir comunidades y dotarlas de un sentido compartido, mientras que Weber alertó sobre la transformación de la fe en nuevas formas de dogmatismo, en las cuales el Estado y las instituciones modernas asumen, silenciosamente, un rol casi sagrado.

En la modernidad, la ausencia de una fe trascendental ha sido, en muchos casos, reemplazada por un nuevo credo: la fe en el Estado. Las instituciones, mediante rituales y normativas, han erigido estructuras que actúan como sustitutos del misterio, sirviendo tanto de cohesión social como de mecanismo de control y regulación. Esta transformación pone de relieve la dualidad de la fe: por un lado, un poderoso motor que impulsa el espíritu humano hacia la trascendencia; por otro, un potencial opresor que, si no se cuestiona, puede convertir la esperanza en un instrumento de sometimiento, forjando imperios de convicciones inamovibles y cimentados sobre verdades o axiomas que no han sido cuestionados.

Este ensayo no es un mero tratado sobre religión, sino una profunda meditación sobre la naturaleza humana y su inherente necesidad de creer. Es una exaltación del potencial unificador de la fe, esa capacidad del acto de creer para congregar a las personas en la búsqueda de objetivos etéreos, y, a la vez, una advertencia sobre su capacidad para fundar legados de creencias indiscutibles. Sin embargo, no podemos obviar la otra cara de la moneda: la fe también encierra una dimensión oscura, un abismo de fanatismo, intolerancia y opresión. Pensadores como Kierkegaard y Foucault han advertido sobre el peligro de edificar sociedades en dogmas incuestionables, donde la fe se transforma en una fuerza de dominación que extingue la libertad y la crítica.

En las próximas páginas, el lector analizará las profundidades de la condición humana, reconociendo en la fe no solo una reliquia del pasado, sino una fuerza viva que continúa moldeando nuestro presente y delineando el contorno de nuestro futuro. Que este viaje sea un cara a cara con la inercia del pensamiento y una invitación a redescubrir la trascendencia del acto de creer, en la eterna pugna entre la esperanza de lo inalcanzable y el poder opresor de las estructuras que intentan sustituir lo sublime.

EL ORIGEN DE TODO

> «El esfuerzo por comprender el universo
> es una de las pocas cosas que eleva la vida
> humana por encima del nivel de la farsa y
> le confiere algo de la gracia de la tragedia».
>
> STEVEN WEINBERG

Todos somos creyentes por mucho que lo neguemos. Unos creen en la ciencia, otros en las energías o la madre tierra y algunos también en sí mismos. Porque creer nos ayuda a justificar y encontrar el sentido de las cosas. Y creedme, no hay nada más humano que la fe. Esta ha ido mutando desde nuestra llegada al mundo partiendo de cultos animistas, politeístas, monoteístas y humanistas. La fe que se profesa en nuestra era, la modernidad tardía, es la *fides Status*, un dogma creado por el laboratorio del sistema y, como tal, se compone de diferentes partes escogidas a conciencia para obtener como resultado un ente que es y no es. Para llegar a comprender este puzle es necesario conocer las piezas de las que se compone. La primera de ellas es el dogma y la fe a la que se agarra para darle sentido al mundo que lo rodea. Si hay algo que caracteriza al ser humano esa es su capacidad de raciocinio y de encontrar el significado de las cosas. Esta ventaja evolutiva solo disponible para la versión más refinada de los homínidos le ha llevado a una búsqueda incesante de la concepción del mundo, sobre todo, de la vida y su funcionamiento. Sí, existen otras especies como los cetáceos, mamíferos e, incluso, insectos que son capaces de vivir y cooperar en pequeñas sociedades en busca de la supervivencia del grupo. Se encuentra aquí la principal diferencia con respecto al homínido: este no coopera únicamente para buscar la supervivencia, sino que lo hace por un propósito, por un motivo, y para ello se vale de la abstracción, en este caso, una fe o un dogma.

En los homínidos, las consideradas relaciones de cercanía se pueden construir, más o menos, con unos ciento cincuenta individuos a los que consideraríamos cercanos. Más allá de esta cifra, se necesitaría un punto en común que los uniese por una misma causa. En este caso, el dogma. El ejemplo es sencillo: ¿qué une a dos católicos que no se conocen de nada? Su fe en Dios. ¿Y qué hace que esos dos completos desconocidos sean capaces de cooperar? El imperativo divino, ese código escrito de normas que proceden del puño y letra del ente creador y que nos da la guía de la vida recta y plena. No obstante, este nivel de cooperación se daría mucho después.

Si retrocedemos a tiempos pretéritos cuando aún las sociedades se organizaban en pequeñas tribus, dentro de estas siempre existía un chamán o guía espiritual que, dadas sus capacidades innatas, era el responsable de todo lo sacro dentro de esa pequeña comunidad. Este sujeto solía ser el encargado de dotar de sentido a numerosos fenómenos, como los ciclos de lluvias, estaciones y todo lo relacionado con la eventualidad ajena al día a día de la tribu. Asimismo, era el encargado de los rituales de fecundidad y la preparación a la muerte de todos sus congéneres, cuyas revelaciones provenían de viajes extáticos que, a día hoy, son una experiencia paquetizada y comercializada para almas que buscan su liberación en el mercado de la búsqueda del lugar de uno en el mundo. Curioso cuanto menos.

Dentro de todas las obligaciones y cumplimientos con la deidad local, la cual carecía de un imperativo divino, puesto que su mandato y el de la naturaleza eran uno solo, existía también una válvula de escape: la fiesta sagrada que, a pesar de ser un mecanismo que perpetuaba y fortalecía el sistema de prohibiciones de ese momento, lo cierto es que de algún modo liberaba al ser y suspendía de forma momentánea la rutina en pro de un breve lapso de renovación, festejo y depravación más o menos controlada. Práctica que permaneció vigente tanto en los cultos tribales y religiones como las dhármicas y abrahámicas.

Estas tribus fueron creciendo a lo largo de años y la figura del chamán comenzó a estar más relacionada con un rol enfocado a la farmacopea y el descubrimiento personal que con el sacro. Tanto es así que estas darán lugar a lo que posteriormente serán las religiones dhármicas. El hecho en cuestión es que, al haber cada vez más miembros, esta figura se sumía en el anonimato y lo que necesitaba la propia protosociedad era un pegamento que hiciera posible la unidad de todos sus miembros. Esto se logró gracias a la fe y sus mandatos divinos.

Por un lado, el dogma fue capaz de elaborar un relato común que crease sociedades que prosperasen bajo unas mismas normas y objetivos, los cuales quedaban plasmados en las escrituras provenientes del puño y letra de estos mismos dioses; y por otro, fue capaz también de homogeneizar diversas tribus que, muchas de ellas, por cierto, estaban sumidas en guerras de poder por territorios y recursos. La historia eterna del mundo. Pero aquí lo importante y lo que marca el origen de todo es la aparición de la fe y del dogma para hacer que esas pequeñas tribus carentes de estructura llegasen a ser los imperios de hoy día mediante la cooperación. Gracias a esta, las tribus evolucionaron en sociedades que necesitaban tener un orden y una estructura además de sustentarse sobre tres pilares fundamentales: el sentido de la responsabilidad, la relevancia de la muerte y la concepción del tiempo.

LA RESPONSABILIDAD

> «El hombre está condenado a ser libre; porque, una vez que está arrojado al mundo, es responsable de todo lo que hace».
>
> JEAN-PAUL SARTRE

Las religiones, cualesquiera que procedan de una raíz abrahámica (islam, judaísmo y cristianismo), son nihilistas. Es decir, todo lo que nos vienen a decir los dioses judeocristianos es que tratemos de lidiar con el mundo terrenal, un mundo secundario lleno de pecados y de sufrimiento, con la promesa de que, si hemos sido lo suficientemente responsables y sumisos con el dogma, tendremos una eternidad de plenitud y felicidad en el paraíso. En cambio, las dhármicas, entre las que se incluyen al budismo, jainismo e hinduismo; o las tradicionalistas y animistas, como las religiones indígenas y el shintoísmo, parten de una base vitalista en la que la vida tiene un valor intrínseco inmediato, no tras la muerte. Esto es clave para iniciar el análisis sobre cómo enfocan unas y otras la percepción de la responsabilidad.

Si lo analizamos de forma objetiva, la responsabilidad abrahámica sobre el estado de las cosas (en este caso de tu vida) se reparte al cincuenta por ciento con tu deidad local en tanto en cuanto la vida de por sí es un camino empedrado el cual has de lidiar (no significa mejorar) y gran parte de los problemas y tragedias que surgen durante el camino son pruebas que el divino pone para comprobar no solo tu nivel de paciencia, sino también tus habilidades para aplicar las enseñanzas de las escrituras. De este modo, únicamente está en tu mano cómo afrontar esas eventualidades, ya que el origen de estas procede de Dios, por lo que tu responsabilidad ante todo esto es exigua.

Las religiones dhármicas proponen un panorama totalmente contrario. Lo primero de todo es que no existe una deidad ni un fin tan claro como el de alcanzar la vida eterna, sino un cambio y un bien común a través del desarrollo del individuo basado en las buenas acciones. Este propósito ha de trabajarse y cultivarse durante tu existencia en un proyecto de mejora continua cuya responsabilidad, y aquí viene la gran diferencia con respecto a las religiones judeocristianas, es única y exclusivamente del individuo. Ya no se puede responsabilizar de una gran catástrofe a tu Dios porque, principalmente, no tiene el objetivo de ponernos a prueba si nos referimos en concreto al budismo, jainismo, confucianismo, taoísmo y al shintoísmo, entre otras. Claro, al no ser la fuente del problema, sino todo lo contrario, que son guías espirituales, ya solo queda la gestión de estos mismos. ¿Y quién es el responsable? El individuo. Además, su responsabilidad está en ser capaz de recomponerse a raíz de la eventualidad y de evaluar el origen de esta. Para las religiones dhármicas, el karma va a dictar el origen de las eventualidades basándose en las buenas y malas acciones que llevemos a cabo, por lo que, al contrario que en las abrahámicas, aquí también somos responsables de lo que nos ocurre. Por ello es necesario incluir dentro de la ecuación de la responsabilidad la concepción de moralidad. Las religiones de base abrahámica y las dhármicas ofrecen visiones del mundo profundamente distintas en lo que respecta a la moralidad. Mientras que las primeras sostienen una moralidad basada en principios absolutos, dictados por un ser divino trascendente (lo cual resta responsabilidad al individuo, puesto que únicamente ha de seguir dichos principios), las segundas abogan por una ética más flexible, enraizada en la ley del karma y el dharma. Asimismo, la manera en que se entiende y aborda el sufrimiento también difiere de manera radical.

Si entramos de lleno en la moralidad judeocristiana, esta es de tipo absoluta y lo es, precisamente, porque emana de unas escrituras divinas por imperativo divino. Es un mandato procedente del creador de absolutamente todo y no cabe interpretación dado que son objetivas. Aquí el único rol que adquiere el individuo es el de súbdito, y en su mano solo está la decisión de acatarlas o no y, en caso negativo, ya sabe que le espera una eternidad plagada de sufrimientos. Este castigo se extiende también durante la vida que, en caso de incumplimiento, la ira de Dios arrasa con cualquier civilización como ya sucedió en Sodoma y Gomorra. No obstante, las religiones judeocristianas creen en el perdón de los pecados vía confesión y propósito de enmienda, de modo que el individuo puede no solo compartir su culpa, sino también limpiar cada mala acción, por lo que vivir se hace menos pesado. Asimismo, todas estas normas se encuentran principalmente en los textos sagrados: la Torá en el judaísmo, la Biblia en el cristianismo y el Corán en el islam.

Si hablamos de las dhármicas, estas establecen que el orden ético y moral brota del orden cósmico y del interior de cada individuo. Esto es de vital importancia para comprender la coerción a la que el individuo se autosometerá siglos después. ¿Por qué? Porque básicamente no hay un mandato divino al que reclamar o cuestionar, sino que es una parte de nosotros mismos, innata, y que por lo tanto no podemos extirpar. En cambio, a Dios lo podemos suprimir de la ecuación; de hecho, se hará.

La moralidad está intrínsecamente relacionada con la ley del karma, que establece que cada acción tiene consecuencias. El karma no solo se refiere a las acciones físicas, sino también a las palabras y pensamientos. En este sistema, los individuos son responsables de sus propias vidas y destino, ya que el karma acumulado influirá en las experiencias futuras, tanto en esta vida como en las venideras. Las acciones virtuosas generan buen karma y conducen a la liberación, mientras que las acciones malvadas crean sufrimiento, ya sea en esta vida o en una reencarnación futura.

De este modo, cada individuo crea y sigue un camino totalmente distinto, y es aquí donde también se atisba otra gran diferencia: el carácter individualista de estas religiones no deriva en una fe de Estado como sucederá en Roma con el cristianismo, sino que es una mera guía de actuación para disfrutar de una vida plena y feliz. No hay proyecto, no hay ambición expansionista y, sobre todo, no hay una voluntad de sometimiento del prójimo desde un punto de vista teocentrista. Esto último se sostiene bajo el principio de no violencia de este tipo de religiones.

Sin ir más lejos, tenemos la fe judeocristiana, que en su imperativo divino habla de «hacer discípulos a todas las naciones» (Mateo 28:19-20) y que sirvió de claro mandato para el inicio de las Cruzadas (1096-1271), expediciones militares impulsadas por la Iglesia Católica con el objetivo de recuperar Jerusalén y otros territorios bajo control musulmán, así como la expansión de la fe. Pero, claro, ¿por qué la gente formaba parte de estas expediciones? Básicamente por las promesas de redención, indulgencia y perdón de pecados para quienes defendieron la causa. Es decir, hacer el mal en nombre de Dios les garantizaba un billete al paraíso. Además, la Iglesia Católica con su particular Gestapo, la Santa Inquisición, se aseguró durante siglos de que el catolicismo permaneciera vivo.

En el caso del islamismo, encontramos la misma tendencia expansionista, ya que tras la muerte de Mahoma en el año 632 d. C. los califas rashidun o bien guiados (Abu Bakr as-Siddiq, Úmar ibn al-Jattab, Uthmán ibn Affán y Ali ibn Abi Tálib) iniciaron la conquista del norte de África hasta Persia, España, la India y el Cáucaso con unas tropas, al igual que las católicas, motivadas por la redención y su pase directo a paraíso si caían en plena batalla.

Cabe destacar que el islam sí fue capaz de crear una convivencia entre distintas fes a diferencia del catolicismo, que era proclive al genocidio puro y duro. En el caso de los primeros, crearon un modelo de convivencia basado en el pago de impuestos y restricción de derechos para quienes no profesaran la fe. Es decir, no mataban, pero convertían tu día en un auténtico infierno hasta que abrazaras su dogma. Más inteligente para al menos garantizar la viabilidad económica del imperio.

No obstante, este tipo de religiones tenían algo muy interesante debido a que necesitaban creyentes, sí, pero más aún soldados, de ahí que se les ofreciera un cheque en blanco a la hora de expandir la fe por todo el mundo y redención infinita a pesar de cometer crímenes inimaginables. De este modo, la sociedad se componía de aguerridos nihilistas sin miedo a la muerte, preparados para el combate y con una fe inquebrantable. Esto, evidentemente, es un arma de doble filo para sus propios intereses en caso de que los soldados de Dios pasen a servir a otra deidad.

Si hablamos de las dhármicas, dichas religiones han sido pacíficas y contrarias a cualquier tipo de violencia. Esto queda patente, como comentaba con anterioridad, en el principio de ahimsa (o de no violencia) sobre el que se vertebran el hinduismo, budismo y jainismo y que se extiende a cualquier ser vivo. Tendríamos que remontarnos a los reinados de Ashoka el Grande o Ashoka Maurya, emperador del Imperio Maurya entre el 268 a. C. y el 232 a. C., para ver algunas trazas de lo que pudiera ser una conquista del budismo por la vía violenta. Y tampoco fue así del todo.

La conquista de Kalinga (261 a. C.) fue una de las campañas militares más famosas dirigidas por Ashoka durante sus primeros años de reinado en lo que ahora es la región de Odihsa, en la India, dado su gran valor estratégico para controlar las rutas marítimas de la región del Golfo de Bengala. La contienda finalmente se resolvió a favor del imperio Maurya y se cobró la vida de más de cien mil personas y desplazó a otras ciento cincuenta mil según los edictos del emperador.

Asimismo, en dichos documentos también mostró su pesar y arrepentimiento por el dolor causado a raíz de la matanza, y este acontecimiento fue clave para que Ashoka abandonara la expansión militar y adoptara un modelo de gobierno basado en la justicia y la paz y se convirtiera en un firme defensor del budismo. Pero aquí llega lo más importante: Ashoka reconoció su responsabilidad por esa masacre.

Esto es importantísimo y tiene sentido porque Ashoka no seguía ningún mandato divino que lo eximiera de toda responsabilidad. He aquí el quid de la cuestión, él no tiene parapeto, no hay un ente ni un mandato. Es más, si analizamos el significado de la palabra responsabilidad, en su cuarta acepción encontramos esta definición: capacidad existente en todo sujeto activo de derecho para reconocer y aceptar las consecuencias de un hecho realizado libremente.

En el caso del emperador Maurya, él es responsable de la matanza de Kalinga, ya que fue él quien tomó la decisión de forma unilateral. En cambio, si miramos hacia occidente, Ricardo Corazón de León, Luis de Francia, Carlos V y Felipe II de España; o hacia oriente, los califas Abu Bakr as-Siddiq, Úmar ibn al-Jattab, Uthmán ibn Affán y Ali ibn Abi Tálib, entre otros, ¿hemos visto algún gesto similar? Por supuesto que no, y desde luego que están en pleno derecho de no mostrar ni un ápice de arrepentimiento incluso. Todos ellos han obrado por imperativo divino, tanto en el Corán como en la Biblia la orden es clara y se despenaliza la muerte en beneficio de la fe:

Surah Al-Baqarah (2:190-191)
Combatid por la causa de Allah a quienes os combatan, pero no transgredáis los límites; ciertamente, Allah no ama a los transgresores. Matadlos dondequiera que los encontréis, y expulsadlos de donde os hayan expulsado; la persecución es peor que el asesinato.

Deuteronomio 20:10-17

Cuando te acerques a una ciudad para atacarla, primero ofrécele la paz. Si acepta la paz y te abre las puertas, todos los habitantes estarán sujetos a trabajos forzados y te servirán. Pero si rehúsan hacer la paz y te hacen la guerra, sitia la ciudad. Cuando el Señor tu Dios la entregue en tus manos, mata a todos los hombres de la ciudad. Pero a las mujeres, los niños, el ganado y todo lo demás que haya en la ciudad, es decir, todo su botín, podrás tomarlo para ti (…). Sin embargo, en las ciudades de estos pueblos que el Señor tu Dios te da como herencia, no dejes con vida a ninguno que respire.

Entonces, ¿por qué las religiones dhármicas no siguieron el mismo camino que las judeocristianas? Porque eran más bien filosofías de vida y desarrollo personal, carecían de un imperativo divino que los empujara a la conquista de la fe (la expansión de estas fue principalmente a través de los viajes de los monjes en las rutas comerciales) y creían en la convivencia pacífica con otras religiones bajo el principio de ahimsa. De hecho, India en la actualidad y desde hace siglos es una nación en la que han convivido el hinduismo, budismo, jainismo, sijismo, islam, cristianismo, zoroastrismo, judaísmo, bahaísmo y otras religiones tribales indígenas. Caso contrario sucede con el islam y el cristianismo, religiones destinadas a fagocitarse la una a la otra desde tiempos inmemoriales.

Pero, claro, no todo va a ser coerción dentro de las religiones, sino que existen mecanismos para liberar las tensiones y «lagunas de la fe» donde el súbdito puede obrar como un individuo de nuevo. Las religiones con alma de Estado continuaron aplicando los mismos métodos que las pequeñas tribus para la liberación de presión y exención de responsabilidad a través de fiestas y rituales anuales conmemorativos. Dentro de estos, la religión católica contempla que son momentos de especial algarabía en los que todo vale siempre y cuando no sea más que por un día. Por ejemplo, si buscamos en el Génesis, la famosa historia de las hijas de Lot hace referencia a cómo sus descendientes lo emborracharon con vino y se acostaron con él después de que Sodoma y Gomorra fueran arrasadas y su madre convertida en estatua de sal.

Génesis 19:32

Ven, demos a beber vino a nuestro padre, y durmamos con él, y conservaremos de nuestro padre descendencia.

Otro que también se dejó llevar por la pasión en su celebración fue Noé, aunque, en este caso, estaba más que justificada, ya que había sido capaz de sobrevivir al diluvio universal y decidió acompañar con vino ese instante tan importante. El problema es que el vino hizo demasiado efecto y terminó desnudo en su tienda y, para mayor inri, su hijo Cam lo vio y decidió avisar a sus hermanos. Como resultado, Noé maldijo a Canaán, hijo de Cam.

Génesis 9:20-21
Después, comenzó Noé a labrar la tierra y plantó una viña. Y bebió del vino, y se embriagó, y estaba descubierto en medio de su tienda.

Teniendo en cuenta todas estas festividades, el sacrificio en pro de la vida eterna es más llevadero. No sé por qué dejamos de lado la religión si funcionaba. Es verdad. Por un lado, es cierto que la religión alienó al hombre y enfrentó a unos pueblos contra otros, pero, al menos, ese individuo no era responsable de todo lo que le sucedía, sino que tenía a Dios. Dios en este caso ejerce una doble función: por un lado, es el apoyo, el clavo ardiendo al que el feligrés puede agarrarse en cualquier momento y, por otro, ese ente superior capaz de redimir los pecados de cualquier mortal y poner el contador a cero para comenzar una nueva vida en cualquier momento. Siempre que haya propósito de enmienda, claro está.

A modo de resumen, encontramos rasgos claros que van conformando lo que en el futuro será la fe que se profese en el *fides Status* en cuanto a la concepción de la responsabilidad:

Las religiones judeocristianas operan por imperativo divino registrado en su manual de la buena fe particular que cada adepto debe seguir sin cuestionar. Garantiza una vida de sometimiento en pro de una eternidad de gozo. Cualquier mala acción con incumplimiento del mandato divino se puede redimir bajo confesión y, además, existe una cláusula especial por la cual se pueden violar los principios divinos siempre y cuando sea en favor de la expansión de la propia causa. De este modo, el creyente no es responsable de ninguna de sus acciones o normas, puesto que tanto estas como cualquier suceso añadido tienen su razón de ser en Dios, ya sea por norma o por castigo. Asimismo, estas religiones tienen una perspectiva de grupo a la que el individuo ha de someterse como parte de la gran masa.

Por su parte, las dhármicas no se rigen por imperativo divino, sino por la existencia de una moralidad inherente al ser humano y que forma parte de un corpus cósmico que se autorregula. No existe jerarquía ni poder, cada individuo debe obrar de forma ejemplar bajo el principio de buena acción que, a su vez, será recompensada con buenas consecuencias. Más que un dogma se trata de un estilo de vida y de comprender el mundo, ya que aquí la vida cobra una especial relevancia frente a la muerte. La muerte, en muchos casos, es un mero procedimiento de regreso de vuelta a la vida para seguir obrando bien, en caso de que se haya sido un individuo más o menos ejemplar. Pero siempre, eso sí, será este mismo el dueño y responsable de todas sus acciones, así como de sus consecuencias. Además, aquí el trabajo del individuo es interior.

LA CONCEPCIÓN DE LA MUERTE

«La muerte no es lo opuesto a la vida, sino una parte de ella».

HARUKI MURAKAMI

Junto al sentido de la responsabilidad, es necesario analizar cómo se configura la muerte desde el punto de vista religioso, ya que, en función de esta, se va moldeando el hombre que habitará la *fides Status* como un ser tremendamente vitalista para quien la muerte será el catalizador de la vida y lo convertirá en preso de la vida activa en contraposición de la vida contemplativa. Por muy paradójico que resulte, este individuo es esclavo de una libertad impostada por el miedo a la muerte.

Si nos remontamos a la Edad de Piedra, el hombre vivía en pequeñas tribus organizadas alrededor de familias. Estas apenas estaban jerarquizadas, pero, en caso de estarlo, las figuras más comunes que podíamos encontrar eran las de cazadores experimentados, chamanes y consejeros mayores. Asimismo, todas estas figuras no ejercían su liderazgo de forma coercitiva, sino que este brotaba del propio respeto y admiración de su comunidad. Tampoco existía un modelo de elección o designación por parte de sus congéneres. La demostración de sus capacidades establecía de forma orgánica esas jerarquías. Por otro lado, les obligaba a ser miembros excepcionales y ejemplares de la tribu para mantener dicha afiliación.

La muerte se configuraba como un proceso más, dado que las tribus y las religiones primitivas se vertebran sobre principios animistas donde la naturaleza y el individuo eran una sola ánima y no existía mando divino, sino un principio circular en el que la vida pasaba a formar parte de la naturaleza como ente universal en función de su comportamiento en vida. Si su conducta había sido conforme a las normas de la tribu, podría transmutarse en un espíritu guía o protector para los vivos o en un espíritu maligno o alma errante, muy importante dentro de este mismo mundo. En este caso, no existía un código universal ni sagrado, solo tabúes o reglas que formaban parte de cada una de las tribus y que pasaban de unas generaciones a otras por tradición oral, lo cual no generaba textos sagrados, sino modelos de vida en tribu.

El crecimiento de las tribus dio lugar a las protosociedades, y con ellas la ficción divina, causa y solución de toda eventualidad. Para ello debemos trasladarnos al 3000 a. C., concretamente a Sumeria. La aparición de las religiones mesopotámicas se debe principalmente a que era necesario un elemento externo de coerción social que fuera capaz de mantener el orden y dotar de respuestas al individuo. En este sentido, las religiones mesopotámicas cumplieron a la perfección con el cometido, ya que no existía un más allá tras la muerte; en su lugar, la coerción venía impuesta por la ira de los dioses a través de distintos eventos, todos ellos de corte catastrofista. Es decir, cada vez que acontecía una riada, una plaga o cualquier eventualidad trágica, se le atribuía a una mala acción y, como consecuencia, la ira de los dioses (porque eran varios) se cernía sobre la población.

Pero, claro, ¿cómo eran conocedores de esta relación causa-efecto? Vía sacerdotes. Esta figura desbancó al chamán, dado que era el interlocutor directo con la deidad y quien transfería el mensaje a la sociedad. De hecho, fue en el periodo mesopotámico cuando comenzaron a erigirse los primeros templos y la tradición oral sacra empezó a tener un soporte en forma de tabla cuneiforme: la *Epopeya del Gilgamesh* o el *Enuma Elish*. No obstante, estas no constituían un imperativo divino. Eran únicamente un relato para conocer mejor la historia y épica de los dioses a los que temían. Esto último es fundamental, pues la coerción no se basa en devoción, sino en el temor a desatar su ira. Coerción por miedo.

En cambio, sí tenemos ya un mandato ético en el Código de Hammurabi, uno de los más antiguos conjuntos de leyes conocidas promulgado por el rey babilonio Hammurabi (alrededor de 1754 a. C.), y que es probablemente el código más relevante de la antigua Mesopotamia. Aunque no se presenta como los mandamientos religiosos, sus leyes tienen una base moral que refleja principios éticos que regulaban la vida diaria con doscientas ochenta y dos leyes, entre las que encontramos varios preceptos clave:

1. **No matarás.**
2. **No robarás.**
3. No cometerás adulterio.
4. **Honrarás a tus padres.**
5. **No codiciarás** (en relación a la propiedad).

Estos preceptos, que casualmente coinciden con varios principios básicos como la vida, la propiedad privada y la familia, servirán de vehículo para las religiones venideras:

Religión	Principios / Mandamientos
Mesopotámicas (Código de Hammurabi)	1. **No matarás.**
	2. **No robarás.**
	3. No cometerás adulterio.
	4. **Honra a tus padres.**
	5. **No codiciarás** (en relación a la propiedad).
Cristianismo	1. **Amarás a Dios sobre todas las cosas.**
	2. **No matarás.**
	3. **No robarás.**
	4. No darás falso testimonio.
	5. Honra a tu padre y a tu madre.
	6. No codiciarás.
Judaísmo	1. **No tendrás otros dioses fuera de Dios.**
	2. No te harás ídolos.
	3. No tomarás el nombre de Dios en vano.
	4. **Honra a tu padre y a tu madre.**
	5. **No matarás.**
	6. **No robarás.**
	7. No mentirás.
	8. No codiciarás.
Islam (5 Pilares)	1. Shahada (Fe).
	2. Salat (Oración).
	3. Zakat (Caridad).
	4. Sawm (Ayuno en Ramadán).
	5. Hajj (Peregrinación a La Meca).
Hinduismo (Yamas)	1. **Ahimsa (No violencia).**
	2. **Satya (Verdad).**
	3. **Asteya (No robar).**
	4. Brahmacharya (Control de los sentidos).
	5. Aparigraha (No codiciar).
Budismo (5 Preceptos)	1. **No matar seres vivos.**
	2. **No robar.**
	3. No mentir ni dar falso testimonio.
	4. No participar en conductas sexuales inapropiadas.
	5. No consumir sustancias intoxicantes.

Fue ya con la aparición de las religiones dhármicas, en concreto el hinduismo sobre el año 1500 a. C., cuando el comportamiento del individuo iba a ser relevante de cara a la muerte; de modo que se pasa de un sometimiento al dogma vía política del terror a un modelo de compensación mediante el comportamiento ejemplar y las buenas acciones que, aún, no existían ni se recogían en un mandato divino, sino que procedían del dharma. Además, la muerte en estas religiones no constituía la puerta de entrada a otro mundo (mejor o peor en función del sometimiento al dogma), sino un paso más hacia la reencarnación. Así, al ser religiones vitalistas, la muerte carecía de interés y tampoco se constituía como un catalizador, puesto que el ser, en sí mismo, ya era eterno dado el camino cíclico que recorría tras la reencarnación.

Este plan de la vida eterna inherente al ser humano carecía de sentido para someterse a unas estrictas normas. Y es ahí cuando el relato cambia: dota a la muerte de una relevancia y trascendencia sin igual. O lo que es lo mismo, la vida deja de ser importante y la muerte es la que nos guía hacia la eternidad. Este cambio del relato es fundamental para comprender el determinismo vitalista propio de la *fides Status*, ya que, si desde el origen de las sociedades la vida es un estadio más de la eternidad intrínseca del individuo, ahora pasa a ser el preludio de algo superior, lo cual le quita todo valor y, al carecer de este, el relato puede ejercer una mayor coerción, pues la vida es finita en comparación con la eternidad. Y no solo esto, sino que además la concepción de la vida pasa de ser circular a lineal.

Otro punto que incluye el cambio de relato es la incertidumbre. En el caso de la reencarnación dhármica, el individuo conoce el ciclo a la perfección. La x a resolver se sitúa en qué vida transitará en su próxima reencarnación y, en caso de haber cometido errores, tiene la posibilidad de enmendarlos en la siguiente reencarnación porque el principio de redención reside en el propio individuo con sus acciones. Además, este ciclo permite poder ver todos los caminos posibles hasta alcanzar la liberación del ciclo eterno. Si analizamos este relato, existe una gran libertad de actuación, ya que es el individuo quien define el camino a recorrer e incluso puede ver ambos caminos, tanto el bueno como el malo, lo cual quita presión externa.

En cambio, las religiones judeocristianas, principalmente el islam y el cristianismo, moldean el relato de tal forma que suprimen ese viaje de ida y vuelta de la muerte y lo dotan de una mayor incertidumbre. Al analizar los textos sagrados judeocristianos, queda claro que, una vez muertos, no hay marcha atrás:

Hebreos 9:27

Y de la misma manera que está establecido que los hombres mueran una sola vez, y después de esto el juicio.

Surah Al-Imran (3:185)

Toda alma probará la muerte. Y solo el día del Juicio final se les recompensará por lo que hayan hecho. Y el que haya sido apartado del Fuego y haya sido admitido en el Paraíso, habrá tenido éxito. Y la vida mundana no es sino el disfrute engañoso.

Además, añade un nuevo elemento: el juicio. Aquí se evalúan todas las acciones conforme a la ley divina y ante el todopoderoso, que dictará sentencia. Este camino marcado es únicamente de ida, de modo que la presión a la que se somete es alta dado que, a pesar de la confesión redentora, hay un factor que siempre juega en contra del feligrés: la vergüenza del pecador. Ciertos pecados son sencillos de confesar, pero, unos, por pudor y, otros, porque pueden atentar contra la vida incluso, puede que no sean tan confesables y quedan en el olvido hasta el día del juicio final. Una vez realizado, se inicia un camino eterno de gozo o sufrimiento sin la posibilidad de redimirse.

LA CONCEPCIÓN DE TIEMPO

«El tiempo es la imagen móvil de la eternidad».

PLATÓN

¿Qué es el tiempo? ¿Qué significa? Desde el punto de vista científico, es la dimensión en la que suceden los eventos, por ejemplo, la vida; o desde un prisma filosófico, al tiempo se lo relaciona con la construcción de la mente humana para dar sentido a su existencia y, también, para medir nuestro camino regresivo hacia la muerte. Al igual que en la concepción de esta última o la responsabilidad, las religiones plantean dos enfoques diametralmente opuestos e irreconciliables sobre la concepción del tiempo: lineal o cíclico. Por un lado, tenemos las religiones dhármicas, que conciben el tiempo como un ente cíclico según podemos extraer de sus textos sagrados:

<u>Hinduismo</u>:
Bhagavad Gita (Capítulo 11, versículo 20)
En cada ciclo de creación, cuando el universo se disuelve, todas las criaturas que existen se di-

suelven en mí, y, al comenzar otro ciclo de creación, yo las recreo.

Budismo:
Sutra del Loto (capítulo 10)
El ciclo de vida y muerte es sin fin, y todos los
seres están atrapados en este ciclo, que continúa
eternamente hasta que se alcanza el nirvana.

Jainismo:
Agamas Jainistas (Tattvartha Sutra)
El mundo tiene un principio, pero no tiene
un fin; se mueve en ciclos eternos de progreso
y declive.

Misticismo de los pueblos indígenas (como los mayas):
Popol Vuh (mitología maya)
El sol y la luna han existido desde los primeros días, y su ciclo continúa en la misma forma,
como parte de la eternidad del mundo.

Ahora es cuando surge la pregunta: ¿por qué
los cultos dhármicos y las comunidades chamáni-
cas conciben el tiempo como circular? Básicamente, porque desde las pequeñas tribus el ser humano se ha dedicado a leer y comprender el mundo

que lo rodea. De este modo, al observar que las estaciones, los ciclos lunares y solares y que la propia naturaleza es cíclica, entienden que el ser humano, como una pieza más del ecosistema, también lo es. En resumen, además de ser vitalistas, tienen un fuerte arraigo en los postulados naturistas, una corriente filosófica y práctica de vida que enfatiza la armonía con la naturaleza, el bienestar físico y mental y el respeto por el entorno.

Esta es la base empírica que toman las tribus y que se irá completando con el paso del tiempo con un factor clave: el desarrollo personal como eje principal de la reencarnación dhármica. Es decir, un principio de redención cíclico que ofrece al individuo en cada reencarnación la oportunidad de alcanzar la excelencia o liberación (nirvana) y que luego, en la modernidad tardía, se recuperará, pero ahora desde un enfoque totalmente distinto.

Por otro lado, la ausencia de un juicio final le resta relevancia a la muerte en sí y favorece el desarrollo del tiempo cíclico, ya que no hay comienzo ni fin. Esto lo podemos ver claramente en el *Bardo Thodol* o libro tibetano de los muertos, que guía a los difuntos a través de los estados intermedios (bardo) entre la muerte y el renacimiento durante cuarenta y nueve días. En este proceso, el difunto se enfrenta en tres etapas distintas —denominadas bardos— a las visiones de distintas deidades de forma pacífica o iracunda. En caso de que este mismo las identifique como meras ilusiones, logrará alcanzar la liberación y, si no es capaz de conseguirlo, renace en uno de los reinos del samsara según su buen o mal karma. Como se puede observar, hasta en la etapa de renacimiento se somete al individuo a un proceso de automejora y autoconocimiento, dado que su experiencia y buen karma lo ayudarán a identificar a las deidades como ilusorias.

Por el contrario, tenemos a las religiones judeocristianas, firmes defensoras del tiempo lineal como se cita en sus escrituras:

Judaísmo:
Eclesiastés 12:7
Y el polvo vuelva a la tierra, como era, y el espíritu vuelva a Dios que lo dio.

Job 14:10-12
Pero el hombre muere, y queda postrado; el hombre expira, ¿y dónde está? [...] El hombre yace y no vuelve a levantarse; hasta que no haya cielo, no despertarán, ni se levantarán de su sueño.

Cristianismo:
Hebreos 9:27

Y así como está establecido para los hombres que mueran una sola vez, y después de esto el juicio.

Lucas 23:43

Jesús le dijo: «De cierto te digo que hoy estarás conmigo en el paraíso».

Juan 5:28-29

No os maravilléis de esto, porque vendrá la hora en que todos los que están en los sepulcros oirán su voz; y saldrán: los que hicieron lo bueno, a resurrección de vida; pero los que hicieron lo malo, a resurrección de condenación.

Islam:
Sura Al-Mu'minun (23:99-100):

Hasta que, cuando le llega la muerte a uno de ellos, dice: «¡Señor mío! ¡Devuélveme [a la vida], para que pueda hacer el bien en aquello que he dejado atrás!». ¡No! Es sólo una palabra que él dice; y detrás de ellos hay una barrera hasta el día en que sean resucitados.

Sura Al-Baqara (2:28):

¿Cómo podéis no creer en Allah, siendo que estabais muertos y Él os dio la vida? Luego os hará morir, luego os dará la vida [de nuevo], y luego a Él seréis retornados.

Si realizamos un análisis de las escrituras citadas anteriormente, las religiones abrahámicas conciben el tiempo como una línea, infinita, pero recta, al fin y al cabo, y que es recorrida por un mismo ente que resucita y no se reencarna. A efectos del adepto, la vida se configura como una breve etapa en modalidad cuenta atrás hacia la muerte en un camino recto que no admite ningún tipo de rebobinado, como en las dhármicas, por lo que su sometimiento al dogma debe ser férreo. Esta concepción lineal del tiempo choca frontalmente con el principio de segunda oportunidad que ofrece la reencarnación, porque, básicamente, hay un evento que lo propicia: el juicio final. Sumado a esto, también hay que tener en cuenta que tanto el islam como el cristianismo y el judaísmo consideran que la vida es un camino en sentido único hacia la salvación o el sufrimiento eterno. Doble imposición para que la coerción con el dogma sea un éxito debido a que solo se tiene una oportunidad a la hora de cumplir. Además, si lo comparamos en términos cuantificativos, el segmento que representa la vida con respecto a la eternidad es de tamaño insignificante, con lo cual el esfuerzo es mínimo si se toma como referencia la eternidad del gozo.

Aspecto	Tiempo Cíclico	Tiempo Lineal
Visión del Universo	Eterno ciclo de creación, destrucción y renovación.	Creación con principio y final, progreso hacia un destino.
Origen	El tiempo no tiene un origen, siempre ha existido en ciclos.	El tiempo tiene un comienzo, generalmente con la creación del mundo.
Propósito	Renovación y aprendizaje constante; sin fin ni destino final.	Cumplimiento de un propósito divino; culmina en un final escatológico.
Religiones Ejemplos	Hinduismo, budismo, jainismo, religiones indígenas.	Cristianismo, judaísmo, islam, zoroastrismo.

LA ESTRUCTURA DE LA FE

> «La fe es la mentira necesaria que el alma se cuenta a sí misma para no mirar al abismo».
>
> EMIL CIORAN

La fe se ha constituido desde sus orígenes como algo etéreo, así como los dioses y otras entidades superiores al mundo animal. Espíritus, fuerzas y energías han acompañado al ser. Esta fe, que nace y reposa dentro de cada individuo, ha ido evolucionando desde el espíritu del bosque hasta el Vaticano. Pero ¿cómo ha llegado a este nivel de jerarquización? Y, sobre todo, ¿por qué?

La respuesta a estas preguntas radica en el proceso de homogeneización al que se sometieron las religiones relacionado con el crecimiento de las protosociedades. En origen, la organización tribal facilitó la proliferación de cultos politeístas cuyo propósito era dotar de contenido y respuesta a ciertos aspectos del mundo en la intrínseca búsqueda de la razón de las cosas del ser humano. La cuestión de fondo aquí reside en que cada tribu profesaba una fe distinta dentro de un contexto politeísta, ya sea el Dios sol, el Dios lluvia, etc. Con la evolución del ser humano y del raciocinio, este abanico continúa extendiéndose y genera una fragmentación social que, en ninguno de los casos, o al menos *a priori*, es interesante para el progreso de las protosociedades.

A este tipo de religiosidad se la denomina animismo debido a que existe una fuerte creencia en que todos y cada uno de los actores de la naturaleza, desde las montañas hasta los ríos, pasando también por los animales, tienen un espíritu y todos ellos son parte de un todo codependiente. También se veneraban a los astros y a los elementos, con el objetivo de dotar de un sentido al entorno y a lo que acontecía. Igualmente, fruto de la dependencia total que tenían de la naturaleza para su subsistencia, la falta de base científica y el escaso desarrollo tecnológico.

Esta percepción de la religiosidad comenzará a modificarse en Mesopotamia, ya que los asentamientos cada vez son más multitudinarios, las técnicas agrícolas y la tecnología relacionada ha avanzado y se produce de forma gradual una desvinculación de los dioses en pro de la capacidad humana para garantizar las cosechas. Aquí es donde llega el cambio, con los albores de la prosperidad, ya que, para afianzarla y empezar a construir un modelo social sólido, necesitaban unir a una sociedad fragmentada y compuesta por diferentes pequeñas tribus. ¿La solución? Sintetizar toda la religión bajo un mismo Dios que fuera capaz de dar sentido y estructura a un modelo de cooperación global que constituyó el primer gesto de alienación colectiva para buscar el bien común. ¿O tal vez de sumisión? Es mucho más fácil doblegar la voluntad de la multitud con un solo imperativo divino, claro, conciso y universal.

La centralización dogmática fue el catalizador de las religiones mayoritarias, pues cumplía con el relato común de cooperación y garantizaba el orden social vía imperativo divino. De hecho, la fe comenzará a expandirse por todos los estratos sociales, sobre todo, en el político, para que Dios y poder fueran un solo objeto capaz de someter al individuo sin apenas resistencia.

En cuanto a la distribución y jerarquización, en su plano más técnico, lo podemos observar de forma gráfica en los siguientes esquemas:

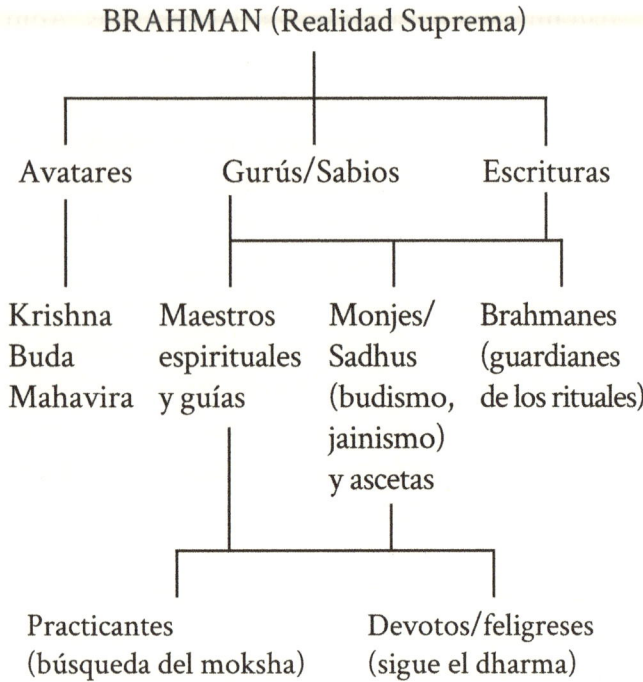

BRAHMAN (Realidad Suprema)

Avatares — Gurús/Sabios — Escrituras

Krishna
Buda
Mahavira

Maestros
espirituales
y guías

Monjes/
Sadhus
(budismo,
jainismo)
y ascetas

Brahmanes
(guardianes
de los rituales)

Practicantes
(búsqueda del moksha)

Devotos/feligreses
(sigue el dharma)

Para las dhármicas hay un ente supremo no centralizado, el Brahman o Realidad Suprema. Este punto de partida ya es significativo, puesto que el ente absoluto no es una deidad, ni siquiera un cuerpo concreto, sino que es la realidad suprema y eterna. No tiene forma ni principio ni fin (lo cual cobra sentido si tenemos en cuenta la concepción del tiempo circular de las religiones dhármicas) y reside en la propia naturaleza del ser, lo cual quiere decir que esta misma realidad o existencia es divina y cada uno, por concretar, está compuesto de divinidad, y comprender esto último es lo que los llevará a la liberación espiritual.

En un plano secundario están las deidades o avatares (Krishna, Buda, Mahavira, etc.), cuyo rol, en función del dogma concreto, gira en torno a la guía, creación y salvaguarda del universo, pero nunca interfiere como juez absoluto del tránsito por el mundo del individuo, empresa que queda en manos del karma y el dharma. En todo caso, las deidades se presentan como parte del proceso de reencarnación como prueba para que el individuo, en caso de identificarlas como imágenes sin relevancia material alguna, pudiera alcanzar la liberación. No obstante, en el hinduismo podemos encontrar a Yama, señor de la muerte y que evalúa las acciones de cada alma y determina su siguiente renacer en función del karma registrado por su escriba Chitragupta.

Por último, tenemos las escrituras. En el caso de las religiones dhármicas, son volúmenes de enseñanza, manuales, guías o incluso cuadernos de bitácora para el desarrollo de una vida enfocada al buen karma y que en absoluto constituyen un imperativo divino o *códice lex*. La clave aquí reside en la confianza que depositan las religiones dhármicas en la responsabilidad del individuo con sus acciones, ya que él mismo será quien se autorregule para alcanzar la liberación definitiva. Asimismo, los custodios de estos monjes, maestros, brahmanes, etc. se configuraron como consultores del camino para los individuos, así como de puntos de difusión y transmisión de las enseñanzas. Cabe indicar que esta difusión se gestionó por la vía pacífica a través de la incorporación de estos mismos a las rutas comerciales y no mediante la conquista, motivo por el cual las dhármicas nunca han tenido forma de imperio y su penetración no ha trascendido más allá de las regiones limítrofes.

Esta visión difiere en gran medida con las judeocristianas, pues aquí no hay un padre creador; en su lugar hay una realidad absoluta. No hay hijos, hay individuos responsables, de modo que no existe un trato paternalista ni un juicio final, sino un camino independiente, responsable y con un código de buenas acciones y conductas que te llevarán a la liberación dentro de un ciclo constante de mejora y desarrollo personal. No se buscan súbditos, se buscan individuos ejemplares que serán capaces de crear una sociedad ejemplar.

Teniendo claro el análisis de la estructura dhármica, pasamos a la organización judeocristiana, mucho más jerarquizada y con una distribución del poder en cascada o de tipo vertical. Aquí ya hayamos la primera diferencia con respecto a las primeras: mientras que unas creen en un modelo circular similar al de una red de apoyos, en estas observamos una estructura fuertemente jerarquizada con roles de poder y sometimiento.

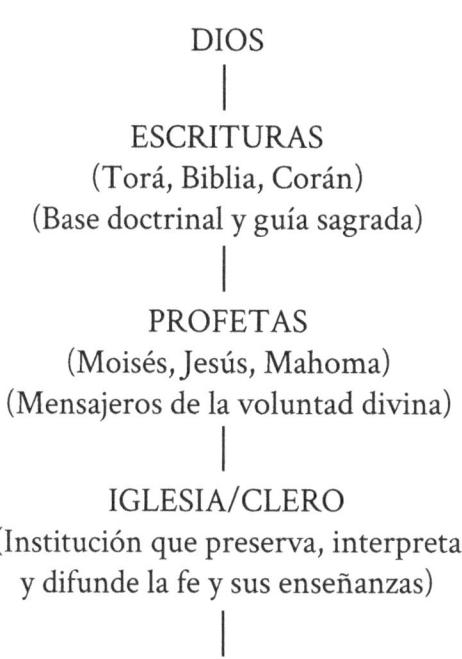

DIOS
|
ESCRITURAS
(Torá, Biblia, Corán)
(Base doctrinal y guía sagrada)
|
PROFETAS
(Moisés, Jesús, Mahoma)
(Mensajeros de la voluntad divina)
|
IGLESIA/CLERO
(Institución que preserva, interpreta
y difunde la fe y sus enseñanzas)
|

LÍDER SUPREMO
(Papa, Patriarca, Gran Rabino, Gran Imán)
(Interpreta la doctrina y administra la religión)

|

OBISPOS
(Supervisan la dirección teológica y doctrinal)

|

SACERDOTES
(Ofician ritos y guían moralmente)

|

FELIGRESES
(Practican la fe y siguen las enseñanzas)

Las religiones judeocristianas abogan por materializar la figura del ente todopoderoso en un ser de aspecto humano con poderes divinos y del cual todos somos sus hijos. O lo que es lo mismo, se pasa de ser un individuo completamente libre, con capacidad de acción y autorresponsabilidad, a ser el hijo de un padre ausente que, en todo caso, únicamente va a estar presente para ejercer de juez. Eso, después de haber sido un auténtico *voyeur* con libreta para anotar todas las acciones que hayan ido en contra de su ley divina. Además, no es que formemos parte de Dios, como sucede con el Brahman, sino que le pertenecemos; no somos parte, somos patrimonio.

De este modo, el sindicato vertical de Dios brota desde su propia entidad y establece una primera parada: las sagradas escrituras. Estas sí constituyen un códice lex, son el imperativo divino que por parte del siguiente estrato de la organización ha de ser asumido y difundido y por parte del último ha de ser asumido sin interpretación alguna más allá de la que pueda indicar, en casos de arbitrio, el representante de la fe más cercano. De hecho, la interpretación de las escrituras únicamente reside en la figura del gestor de la fe, en este caso, un sacerdote, quien si surge alguna duda, guiará al seguidor. Esta figura no sólo se encarga de administrar la fe, sino también de imponer orden y gestión de la comunidad, lo cual lo dota de poder y este cada vez será mayor conforme vaya escalando su nivel de responsabilidad dentro de la estructura jerárquica. Es así como los sacerdotes, obispos y otros forman parte de la toma de decisiones y, lo más importante, interpretan las escrituras para que estas decisiones estén dentro del imperativo divino.

También es de especial interés analizar la creación de una entidad gestora y organizativa de la fe. Mientras que en las religiones dhármicas no existe una estructura formal o una red de puntos de congregación de fieles; sus templos cumplen más bien una función de refugio o consulta, donde el individuo acude a meditar y hacer un trabajo de introspección. En contraste, en las religiones judeocristianas, los templos funcionan como centros de control de asistencia obligatoria, con el propósito de fiscalizar el comportamiento de los fieles, así como su adoración al Dios de turno.

Dentro de la asistencia encontramos la parte del culto, donde el sacerdote responsable del templo lleva a cabo un ritual con el objetivo de alienar al grupo, someterlo bajo su libre interpretación de las escrituras y, lo más importante de todo, renovar el voto de sumisión semanalmente. Si en las dhármicas el Braham formaba parte de un todo y un todos, el católico toma el cuerpo de la sangre de Cristo durante el rito para que este vuelva a formar parte de nosotros. Lo que en una fe es parte inherente del ser humano, en la otra hay que tomarlo de manera regular para que continúe siendo parte del uno previa arenga e interpretación sesgada del imperativo divino para evitar la apostasía.

Religiones **Dhármicas**

No es obligatorio asistir a los templos regularmente.

No hay una autoridad central como el Papa o el Califa.

El culto es más individual que congregacional.

Los templos albergan imágenes y estatuas.

En el budismo y jainismo, los templos son más para meditación que para adoración.

Religiones Abrahámicas

Se fomenta la asistencia semanal (ej. misa dominical, oración en la mezquita).

Instituciones jerárquicas fuertes (ej. Iglesia Católica, imanes en el islam).

La adoración suele ser comunitaria.

En el islam y el judaísmo, la iconografía es prohibida.

En el cristianismo y el islam, la oración es el foco principal.

En último lugar, analizamos las prácticas dentro del templo. Mientras que en unas se lleva a cabo una labor de introspección cuyo enfoque mental busca alcanzar la calma y el autoconocimiento y cultivar la concentración, el rezo u oración es un acto de comunicación con lo divino, pero con una gran diferencia. Lo primero es una conversación informal con lo divino, aunque, si somos objetivos, debería categorizarse como un monólogo, ya que no hay respuesta, pero como el receptor es un ente omnipresente entendemos que forma parte de esta conversación y que su silencio es un medio para la reflexión. El rezo es prácticamente lo mismo, pero con la diferencia de que tiene y sigue una estructura, por lo general, textos sagrados, y se lleva a cabo de forma multitudinaria, saciando así la necesidad de congregar al mayor número de personas.

APOSTASÍA

«Haber creído y ya no creer es más terrible que no haber creído nunca».

EMIL CIORAN

¿Es posible abandonar la fe? ¿Una persona podría dar la espalda a Dios? En principio, este proceso es posible en casi todas las religiones, unas con ciertas salvedades, pero, en definitiva, posible. Al fin y al cabo, el ser humano es un espíritu voluble y en determinadas ocasiones puede sentir pérdida de fe, incompatibilidad moral que le genere un conflicto interno o, simplemente, que no quiera pertenecer a un grupo religioso. La cuestión es ¿por qué lo permiten?

La práctica de la apostasía en las religiones dhármicas es un tema sin especial relevancia, ya que, como se ha indicado con anterioridad, no hay un convenio de pertenencia al budismo o al hinduismo, sino que son formas de interpretar la vida y caminos para alcanzar el desarrollo pleno como individuo excelente. De hecho, no hay un proceso formal, ni siquiera un impacto social,

salvo que pertenezcas a algún tipo de casta alta
o sea un monje o un guía espiritual quien decida
abandonar el camino. No obstante, tiene sentido
y es fiel al principio de responsabilidad y voluntad del individuo junto con su enfoque alejado
del expansionismo violento y la carencia de un
mandato divino que trate de coaccionar a los seguidores del dogma. En resumen, las dhármicas
preservan un modelo de total responsabilidad
sobre el individuo, el cual es totalmente libre de
seguir el camino o de abandonarlo en cualquier
momento, sin leyes ni coacciones. Esta flexibi-
lidad también explica que este tipo de dogmas
no haya trascendido más a nivel geográfico ni
haya prosperado como religiones con ínfulas de
Estado.

En el sentido contrario, las abrahámicas, sí
disponen de un código mucho más férreo a la
hora de apostatar. Veámoslo:

Judaísmo:
Deuteronomio 13:6-10

Si tu hermano, hijo de tu madre, o tu hijo o
tu hija, o la mujer que amas, o tu amigo íntimo
te incita en secreto, diciendo: «Vayamos y sir-
vamos a otros dioses» (...) no lo consientas ni

lo escuches; no lo mires con lástima ni lo cubras ni lo encubras. Sino que ciertamente lo matarás; tu mano será la primera sobre él para matarlo, y después la mano de todo el pueblo. Lo apedrearás hasta que muera, porque procuró apartarte de Yahvé tu Dios.

Deuteronomio 17:2-5

Si se halla en medio de ti, en alguna de las ciudades que el SEÑOR tu Dios te da, un hombre o una mujer que haga lo malo ante los ojos del SEÑOR tu Dios, quebrantando su pacto, y que haya ido y servido a otros dioses y se haya postrado ante ellos, ya sea el sol, la luna o todo el ejército del cielo, cosa que yo no he mandado (…), entonces sacarás al hombre o a la mujer que haya hecho esta cosa mala a las puertas de tu ciudad, y los apedrearás hasta que mueran.

Cristianismo:
Hebreos 6:4-6

Porque es imposible que los que una vez fueron iluminados y probaron el don celestial, y fueron hechos partícipes del Espíritu Santo, y asimismo gustaron la buena palabra de Dios y los poderes del siglo venidero, y recayeron, sean otra vez renovados para arrepentimiento, ya que de nuevo crucifican para sí mismos al Hijo de Dios y lo exponen a vituperio.

Timoteo 2:12

Si perseveramos, también reinaremos con él; si le negamos, él también nos negará.

Islam:
Corán 2:217

Quien de vosotros apostate de su religión y muera siendo incrédulo, sus obras serán en vano en la vida mundanal y en la otra, y esos son los compañeros del fuego, en el cual permanecerán eternamente.

Corán 3:85

Quien busque otra religión que no sea el islam, nunca le será aceptada y en la otra vida estará entre los perdedores.

Corán 4:88-89

¿Qué os sucede que estáis divididos en dos grupos respecto a los hipócritas, cuando Allah los ha hecho recaer en lo que han cometido? ¿Queréis guiar a quien Allah ha extraviado? A quien Allah extravía, no encontrarás camino para él. Quieren que seáis incrédulos como lo son ellos, para que seáis iguales. No toméis a ninguno de ellos como aliado hasta que emigren por la causa de Allah. Pero si vuelven [a la incredulidad], entonces tomadlos y matadlos dondequiera que los encontréis.

Estas religiones con proyección de imperio no disponen de una puerta de salida para el adepto, sino que funcionan por sistema de afiliación en tempranas edades, cuando aún no se tiene uso de consciencia, a fin de garantizar un mayor número de individuos que, contra su voluntad, han de profesar esa fe. En este caso, se apunta directamente al cristianismo, ya que, si lo comparamos con el judaísmo o el islam, en ninguna de ellas se menciona la existencia de un pecado original que obligue a un recién nacido a adscribirse a su grupo religioso. Sin duda alguna, el cristianismo ganó esta batalla por un mejor manejo del relato: nacemos con una grave enfermedad que nadie puede curar salvo Dios mediante el bautismo.

A pesar de que la fórmula de entrada es diferente a la del resto de religiones abrahámicas, el proceso y las consecuencias de la salida son prácticamente las mismas. La primera de todas es el rechazo y juicio social al que se expone, además del pecado que comete y sus repercusiones en la vida eterna. Pero, como aún estamos vivos, haremos hincapié en los castigos que se sufren en la vida. Por ejemplo, la Iglesia Católica consideraba en la época medieval que la apostasía era un crimen contra Dios y el orden social, castigado con pena de muerte, excomunión o también con la confiscación de todos los bienes. Similar castigo recibía el apóstata islamista, a quien no se le confiscaban los bienes, por ejemplo, y en el judaísmo no había una pena de muerte directa como tal, pero se podían dar casos.

Evidentemente, la evolución de las sociedades provocó que de forma paulatina estos castigos se fueran suprimiendo. De hecho, la Reforma protestante de 1517 rechazaba de pleno la pena de muerte por apostasía. No fue hasta el siglo XVIII, en concreto a raíz de la revolución francesa de 1798, cuando se estableció como un derecho la libertad religiosa y, en el siglo XIX, la apostasía dejó de ser un crimen en la gran parte de los países de Europa occidental, dado que la separación de poderes y la pérdida de influencia en las estructuras políticas produjeron un desplazamiento a un segundo plano de las instituciones religiosas. A pesar de todos estos avances en materia de derechos y libertades, en países islámicos como Arabia Saudita, Irán, Afganistán, Pakistán, Sudán, Yemen y Maldivas, la apostasía puede ser castigada con severas penas, incluidas entre ellas la de muerte, en pleno siglo XXI.

FIDES STATUS

> «Los hombres creerán cualquier cosa, siempre que se les repita con suficiente frecuencia y se les impida dudar».
>
> Jean Meslier

Tras este largo camino evolutivo de la fe y su gestión, llegamos aquí, a lo que acontece hoy, al dogma de nuestro día a día: la *fides Status*. La religión oficial de la modernidad tardía surge por la demolición y revisión de las religiones judeocristianas, en concreto de la cristiana. En este proceso de ingeniería inversa han participado actores de los principales órganos representantes del contradogma religioso tradicional (políticos, economistas y sociólogos) con el fin de desbancar y desahuciar del control institucional a las entidades religiosas. Esta operación es un golpe en toda regla contra el Estado religioso, contra la fe, con el propósito claro de establecer un nuevo dogma palpable, participativo y cuyo órgano supremo forma parte de cada uno. Es todo y está en todas partes: el Estado.

Vivimos en una época convulsa, extraña, en la que todo lo que parece no es y en la que todo lo que es, a su vez, tampoco es. A esta época se la denomina modernidad tardía. Se trata del modelo social imperante en el siglo XXI, una fase del desarrollo social que se caracteriza por ser inestable, cambiante, rápido y líquido. Desde el punto de vista ético y moral, se podría decir que la modernidad tardía carece de una identidad y valores claros, puesto que, al ser un período altamente reflexivo y en constante transformación, la dinámica provoca que nunca termine de construirse algo sólido debido a los motivos anteriormente planteados. Si hay algo por lo que se caracterice este periodo, es porque está en un bucle de construcción, revisión y deconstrucción.

Esta eterna reflexión deja un panorama donde las sociedades constantemente revisan y modifican sus estructuras y normas en función de nueva información. Esto genera una realidad en la que las tradiciones pierden fuerza y las instituciones deben adaptarse a cambios acelerados. De hecho, se producen serias crisis de autoridad y reconocimiento en instituciones que tradicionalmente habían sido el eje de las sociedades, como la estructura del poder, la identidad cultural, economía, trabajo, familia y, también, la identidad del propio individuo.

No obstante, esto es algo característico de anteriores periodos de la modernidad clásica y posmodernidad, en los cuales la humanidad fue testigo de las grandes «demoliciones» sociales, entre ellas el surgimiento del Estado —el cual sustituirá por completo a la teología en la fe de la modernidad tardía—, la secularización, el capitalismo industrial —principal precursor de las reformas y democratización de la educación— y del Renacimiento —que dará paso a la muerte de Dios a través del humanismo—.

Los avances de la modernidad clásica (siglos XV-XIX) se centraron en la exaltación de la razón, el progreso científico y el desarrollo tecnológico, con logros como la Revolución Científica, la Revolución Industrial y el establecimiento de las bases para la democracia y el capitalismo. En esta era surgieron avances significativos en medicina, política o filosofía, así como la creación de las instituciones modernas. En contraste, la posmodernidad (siglo XX en adelante) cuestionó los grandes relatos de la modernidad, promoviendo la pluralidad, el relativismo y la fragmentación. Aunque también trajo avances en tecnología —como la revolución digital, la biotecnología y la exploración espacial— y cambios sociales —como la descolonización y la lucha por los derechos civiles—, la posmodernidad se caracteriza por una crisis de sentido, una creciente incertidumbre y la desaparición de estructuras tradicionales, lo que genera tanto avances como desafíos en el mundo contemporáneo.

Dentro de su infinita búsqueda del sentido de las cosas y, principalmente, por su altanería dijo: «Si yo construí el relato de Dios, ¿es posible que yo mismo sea Dios?», y de repente, desde Alemania alguien espetó: «¡Dios ha muerto!», y el humanismo comenzó el camino de la secularización. En ese mismo instante, el individuo tomó las riendas de su destino y se hizo responsable de absolutamente todo: de lo bueno y de lo malo. Con el humanismo todo cambió. Antes de este, al menos podíamos culpar de nuestra miserable existencia a Dios o su entidad representante y gestora en la tierra. Con Él teníamos nuestras fiestas, podíamos redimirnos de nuestro deleznable comportamiento con solo una confesión, propósito de enmienda y poco más. Sin embargo, ahora todo ello se esfumaba.

La gran idea de Nietzsche, que analizada desde el prisma de su época tenía todo el sentido, rompía con ese principio de sumisión a lo divino. La base es totalmente acertada porque el hombre decimonónico anhelaba ser soberano de su propia vida y libertad. Tras acontecer la caída de Dios, se veía preparado para poder tomar el mando. No olvidemos que, gracias a la Revolución Industrial, la educación comenzó a democratizarse entre todas las clases sociales. Muchos países implementaron sistemas educativos públicos y gratuitos, especialmente en Europa occidental, a finales del siglo XIX. En el Reino Unido, por ejemplo, la Ley de Educación de 1870 estableció las primeras escuelas financiadas por el Estado. En Francia, las leyes de Jules Ferry en la década de 1880 establecieron la educación obligatoria y gratuita para niños y niñas. Los miembros de la burguesía tenían un alto nivel educativo y cultural gracias a su formación en literatura, filosofía, historia, ciencias naturales y lenguas clásicas (latín y griego). Este sector tenía acceso a la cultura a través de libros, teatros, música y círculos intelectuales. En Europa y en países de América, las élites asistían a las universidades y seguían modelos educativos inspirados en ideas de la Ilustración y el humanismo.

De este modo, aparece ese Übermensch o «superhombre» de Nietzsche como alguien capaz de superar el vacío dejado por la «muerte de Dios» y construir su propio sentido y valores gracias a una base fundamentada en el conocimiento. Sí y no. Fue capaz de llevar a cabo este plan y prácticamente dejar a un lado a la religión, puesto que no estaba fundamentada en la ciencia, pero no se dio cuenta de que ello sería el caldo de cultivo de una nueva fe y un nuevo dios: el Estado que, en este sentido, iba a estar monopolizado desde el punto de vista dogmático por dos posturas diametralmente opuestas: izquierda y derecha.

El proceso de secularización comienza durante esa época, en concreto en el año 1882 con el famoso «Dios ha muerto» de *La gaya ciencia* de Nietzsche, donde un loco espeta a una multitud la buena nueva que marcaría el devenir de la religión y su proceso de revisión y descomposición. No obstante, el filósofo alemán, a pesar de publicar otras obras más de mayor dureza contra la religión (*Anticristo* y *Así habló Zaratustra*, 1883), no fue el único en lanzar esta cruzada contra el cristianismo, sino que también otras grandes figuras de la literatura pusieron en jaque la existencia del creador con otras obras, como, por ejemplo, Mark Twain y su *Contra la Religión, El contrato social* de Jean-Jacques Rousseau (1762), *La decadencia de Occidente*, de Oswald Spengler (1918) o *El origen de la familia, la propiedad privada y el Estado*, de Friedich Engels (1884). Con una sociedad —o al menos una parte de ella, la élite intelectual humanista— desmontando y poniendo en cuestión tanto la religión como el orden establecido en torno a esta misma, se dio el evento que definitivamente establecería el nuevo orden: la Revolución Industrial, y con ella la aparición de dos posturas irreconciliables.

A lo largo de las distintas fases de la modernidad, se han producido también avances económicos y tecnológicos significativos, los cuales han ayudado a construir la nueva religión del siglo XX. En la modernidad clásica (siglos XV-XIX), la Revolución Industrial impulsó la mecanización de la producción, el surgimiento del capitalismo y el establecimiento de economías de mercado, lo que llevó a la urbanización y al crecimiento de las potencias industriales. La modernidad tardía (siglo XX en adelante) profundizó estos cambios con la expansión de la economía digital, el auge de la globalización y la revolución tecnológica impulsada por la computación, el internet y la automatización. El avance de tecnologías como la biotecnología, la inteligencia artificial, la nanotecnología y las energías renovables ha transformado sectores clave de la economía, desde la manufactura hasta la medicina; mientras que la creciente interconectividad y el comercio digital han redefinido el comercio global y las dinámicas laborales. Ambos períodos han sido marcados por un cambio constante hacia la especialización tecnológica y la interdependencia global.

Continuando con el retrato de la modernidad tardía, hay otro factor que cobra vital interés, y es cómo la tecnología ha sido capaz de acelerar procedimientos. En el plano productivo y económico, es un avance positivo que, para el humano, se convierte en un arma de doble filo, ya que se le exige esa misma eficiencia en todos los ámbitos, tanto en lo personal como en lo profesional. A día de hoy, el fin ha sustituido por completo al procedimiento, al aprendizaje. Vivimos en la cultura del ya, y eso tiene un alto coste para el individuo debido a que la vida contemplativa ha sido desbancada por la vida activa y, mucho peor aún, somos presos de ella. Mira a tu alrededor. ¿A cuántas personas ves únicamente ahí, sin hacer nada? Esclavos de la optimización a tiempo completo de nuestro ocio. La modernidad tardía no ha eliminado la religión, sino que la ha transmutado. En lugar del teísmo, han surgido ideologías que funcionan de manera similar a las religiones tradicionales: ofrecen una visión del mundo, establecen principios morales y definen un propósito superior para la humanidad. En este caso, nos referimos a la dicotomía izquierda y derecha, las cuales cuentan con su propio dogma capaz de dividir y polarizar a la sociedad. Y no solo eso, sino que siguen siendo una fuente de conflictos ideológicos tan intensos como las antiguas guerras de religión. A pesar de su rechazo al teísmo, estas ideologías siguen ancladas en estructuras y creencias profundamente religiosas, dotando de una nueva dimensión a dos conceptos:

– Fe: **creencia** personal en lo divino o en una doctrina sin necesidad de pruebas. Se trata de una predisposición de confianza y aceptación ante algo etéreo.

– Dogma: **verdad** establecida por una autoridad que debe ser aceptada sin cuestionamiento por los creyentes. Forma parte del marco doctrinal de una religión y guía la fe de sus seguidores.

– Religión: **sistema** organizado que incluye dogmas, normas, rituales y una comunidad de fieles. La fe puede formar parte de una religión, pero la religión va más allá al incluir prácticas y estructuras.

Si revisamos estas definiciones y las vemos desde el prisma de la *fides Status*, definitivamente el Estado ya puede entrar de manera oficial en la categoría de religión, pues concuerda con un sistema organizado que incluye normas, creencias y una práctica. En este caso, las normas serían todos los códigos y el marco legal en el que nos movemos; los dogmas, las distintas ramas políticas que integran al Estado (liberalismo, socialismo, comunismo, etc.), y la comunidad de fieles pasaría a denominarse ciudadanos.

El dogma tendría una nueva acepción enfocada a la política en la que esa verdad absoluta guía a los fieles —aquí nos referimos a los miembros de esa comunidad política— hacia la reconfiguración de un nuevo orden religioso o estatal que no altera dicha estructura, sino que la modifica para seguir un mandato divino distinto en función del dogma: socialismo, capitalismo, liberalismo, marxismo, etc.

Por último, la fe es la creencia personal de cada uno, es su predisposición política en función de su confianza con un dogma en cuestión. Es por ello que el obrero abrazará el comunismo o marxismo y el sociocapitalista será afín a dogmas conservadores o liberales. Independientemente del dogma, la estructura religiosa siempre será el Estado. **Creencia, sistema y verdad**, las palancas que mueven el mundo.

El plano teórico y dogmático está correctamente dispuesto. La religión ha sido totalmente despojada de cualquier tipo de credibilidad en el más allá y la secularización es una realidad. El siguiente paso: crear un ejército de fieles, pero esto necesitará de un gran esfuerzo de ingeniería política y legal, ya que todos ellos se encuentran secuestrados y vinculados por una religión, principalmente el cristianismo en los países europeos y occidentales.

El primer paso para la liberación de los rehenes del catolicismo se dio con la Declaración de los Derechos del Hombre y del Ciudadano (Revolución Francesa, 1789), la cual estableció la libertad de culto, permitiendo así que las personas renunciaran a su fe sin repercusiones legales. Esto en la práctica no se consolidó hasta el siglo

XIX, cuando el país galo aprobó en 1905 su Ley de Separación, que eliminaba la obligatoriedad de pertenecer a una religión y reconocía el derecho de renuncia a esta misma. Igual maniobra se contempló al otro lado del charco, en México, con sus constituciones de 1857 y 1917 para borrar todo tipo de arraigo con la Iglesia, motivado también por una desvinculación total con España.

Pero fue en 1948 cuando se asestó el último golpe para garantizar la liberación de los presos de la fe con la promulgación de la Declaración Universal de los Derechos Humanos por parte de la ONU. Su artículo 18 establece que «toda persona tiene derecho a la libertad de pensamiento, de conciencia y de religión; este derecho incluye la libertad de cambiar de religión o de creencia». Sin embargo, esto es únicamente aplicable a los países con raíces cristianas que, casualmente, son en los que prevalecen los regímenes democráticos y no teocráticos. Este movimiento fue la clave para el reinado de la *fides Status* debido a que es la ley de los hombres y no la de Dios la que te permite ser libre para vivir la vida material, dado que esta es la única de la que se tiene una percepción directa y destierra todo tipo de acto de fe en lo inmaterial.

¿Cómo se organiza y estructura la *fides Status*?

ESTADO

|

CONSTITUCIÓN
(Base doctrinal y guía sagrada)

|

PROFETAS
(Marx, Lenin, Hitler, Kennedy, etc.)
(Mensajeros de la voluntad divina)

|

PARLAMENTO
(Institución que preserva, interpreta
y difunde la fe y sus enseñanzas)

|

PRESIDENTE DEL GOBIERNO
(Interpreta la doctrina y administra la religión)

|

PRESIDENTES TERRITORIALES
(Acatan y expanden la dirección teológica y doctrinal)

|

CIUDADANOS
(Practican la fe y siguen las enseñanzas)

A partir de la destrucción total de la identidad de Dios y su simbolismo, se construye el Estado, una figura que establece un orden sobrehumano, como el brahma, una realidad absoluta que justifica todo lo existente. Con este «todo lo existente» vamos a referirnos a los mecanismos que garantizan una vida posible en la sociedad estatista: sanidad, educación, trabajo, marco jurídico y otras garantías para la vida del ciudadano.

Por otro lado, este todo, al igual que en las religiones abrahámicas se rigen por un imperativo divino, la voluntad de Dios, en este caso se regirá por la voluntad del Estado. Según el catolicismo, la voluntad divina se puede dividir en tres:

Su voluntad soberana: lo que Dios ha decretado y sucederá inevitablemente. Si lo traducimos a un contexto estatista, el poder soberano del Estado representa las decisiones fundamentales que estructuran la sociedad y que no pueden ser cuestionadas ni participadas por los ciudadanos comunes o carentes de un cargo, al menos, dentro de la estructura.

Su voluntad moral: sus mandamientos y principios para vivir en rectitud. En el caso estatista, la voluntad moral estaría recogida en el Código Civil y Penal, en la Constitución y en todos aquellos textos que adquieren una dimensión casi divina y que son los encargados de establecer el marco de actuación social.

Su voluntad individual: su propósito específico para cada persona. Aquí la analogía queda clara, ya que las políticas que aplica el Estado interfieren directamente en la voluntad del individuo. Por ejemplo, si un Estado decide entrar en guerra con otro, cuando aplica una serie de medidas económicas que limitan la voluntad financiera del ciudadano o cuando limita la libertad de movimiento, asociación o expresión.

Esta voluntad divina se registra en las Sagradas Escrituras, o lo que es lo mismo, en la Constitución, la Carta Magna. Si ponemos sobre plano ambos documentos y los comparamos, podemos encontrar estos puntos comunes:

Mandamiento	Principio	Paralelo en la Constitución Española	Artículo
1. "No tendrás dioses ajenos delante de mí"	Exclusividad de la divinidad en el monoteísmo, prohibición de rendir culto a otros dioses	Unidad de la nación y lealtad al Estado	**Art. 2:** "La Constitución se fundamenta en la indisoluble unidad de la Nación española, patria común e indivisible de todos los españoles, y reconoce y garantiza el derecho a la autonomía de las nacionalidades y regiones que la integran y la solidaridad entre todas ellas."
2. "No tomarás el nombre de Dios en vano"	Respeto por lo sagrado y evitar el juramento falso	Juramento legal y obligación de decir la verdad	**Art. 20.1.d:** "Se reconoce y protege el derecho a comunicar y recibir libremente información veraz por cualquier medio de difusión." **Art. 118:** "Es obligatorio cumplir las sentencias y demás resoluciones firmes de los jueces y tribunales, así como prestar la colaboración requerida por estos en el curso del proceso y en la ejecución de lo resuelto."

3. "Santificarás el día del Señor"	Descanso y dedicación al culto	Derecho al descanso laboral y festividades religiosas	Art. 37.2: "El derecho de los trabajadores y empresarios a adoptar medidas de conflicto colectivo se reconocerá en la negociación colectiva, respetando el derecho al descanso semanal y las festividades reconocidas legalmente."
4. "Honrarás a tu padre y a tu madre"	Respeto y cuidado de la familia	Protección de la familia y los mayores	Art. 39.1: "Los poderes públicos aseguran la protección social, económica y jurídica de la familia."
5. "No matarás"	Protección de la vida	Derecho a la vida y prohibición de la pena de muerte	Art. 15: "Todos tienen derecho a la vida y a la integridad física y moral, sin que, en ningún caso, puedan ser sometidos a tortura ni a penas o tratos inhumanos o degradantes. Queda abolida la pena de muerte, salvo lo que puedan disponer las leyes penales militares para tiempos de guerra."
6. "No cometerás adulterio"	Fidelidad y respeto en las relaciones	Protección del matrimonio y la familia	Art. 32.1: "El hombre y la mujer tienen derecho a contraer matrimonio con plena igualdad jurídica."

91

7. "No robarás"	Protección de la propiedad ajena	Derecho a la propiedad y su función social	**Art. 33.1:** "Se reconoce el derecho a la propiedad privada y a la herencia." **Art. 33.2:** "La función social de estos derechos delimitará su contenido, de acuerdo con las leyes."
8. "No darás falso testimonio ni mentirás"	Veracidad y justicia	Búsqueda de la verdad en el proceso judicial	**Art. 24.2:** "Asimismo, todos tienen derecho al Juez ordinario predeterminadopor la ley, a la defensa y a la asistencia de letrado, a ser informados de la acusación formulada contra ellos, a un proceso público sin dilaciones indebidas y con todas las garantías, a utilizar los medios de prueba pertinentes para su defensa, a no declarar contra sí mismos, a no confesarse culpables y a la presunción de inocencia."
9. "No codiciarás la mujer de tu prójimo"	Respeto por las relaciones ajenas	Igualdad de género y protección de la dignidad	**Art. 14:** "Los españoles son iguales ante la ley, sin que pueda prevalecer discriminación alguna por razón de nacimiento, raza, sexo, religión, opinión o cualquier otra condición o circunstancia personal o social."
10. "No codiciarás los bienes ajenos"	Evitar la avaricia y el deseo de apropiación injusta	Justicia económica y equidad tributaria	**Art. 31.1:** "Todos contribuirán al sostenimiento de los gastos públicos de acuerdo con su capacidad económica mediante un sistema tributario justo inspirado en los principios de igualdad y progresividad que, en ningún caso, tendrá alcance confiscatorio."

A su vez, Dios, para ser considerado como el ente divino que es, tiene cuatro características básicas que ningún mortal jamás tendrá. Son las siguientes:

- Omnisciente
- Omnipotente
- Omnipresente
- Eterno

El Estado es omnisciente porque sí, todo lo sabe y todo lo conoce: registros civiles, censos poblacionales, cámaras de seguridad, control de movimientos bancarios e, incluso, registros de tu domicilio e intimidad si cree que hay un indicio de delito. Pero no solo eso, sino que controla y construye las vías del conocimiento y reescribe a su antojo la historia con un discurso que fagocita todo lo anterior a su existencia. Es omnipotente porque nadie puede con él, únicamente otro Estado y, aun así, no desaparecería su estructura, sino que transgrediría el concepto de nación. No existe mayor fuerza que la del Estado, porque es quien monopoliza la intervención violenta por la vía legal y con la excusa del mantenimiento del orden social, puesto que un ciudadano no puede utilizarla ni siquiera contra su semejante porque estaría cometiendo un delito. Es omnipresente porque está en todas partes: en la administración, en las transferencias económicas, hasta cuando compras un paquete de cigarrillos, en la sanidad, en la educación, hasta en tu propia libertad —la cual administra a su antojo—. Y no es solo que esté presente, que sería inocuo, sino que te dice lo que se puede y no se puede hacer. Por ejemplo, la regulación contra el tabaco y la prohibición de otras drogas que, casualmente, se venden a través de redes creadas por miembros del Estado. Por último, es eterno. Podrá cambiar el Gobierno, podrá tener una forma u otra, pero siempre se adapta y sobrevive al papado de turno.

En cuanto a la entidad gestora de la fe, en el caso del cristianismo tenemos a la Iglesia católica, mientras que en la *fides Status* está el parlamento, lugar desde donde brota y se materializa la voluntad del Estado. Al igual que la Iglesia, el Parlamento gestiona todo lo relacionado con el dogma y la fe, y mediante cónclaves es capaz de crear nuevos designios y propósitos divinos que marquen el camino de la sociedad estatista, las denominadas leyes que garantizarán el cumplimiento del imperativo divino que proteja al Estado y los derechos del ciudadano. Además, el nuevo clero se organiza en estamentos políticos. Se dividen en facciones territoriales capaces de hacer llegar la *fides Status* y su mandato divino a todos los rincones de la geografía.

Finalmente, tenemos a los fieles o ciudadanos. Estos son quienes abrazan de forma coercitiva su rol dentro de la *fides Status* porque no les queda otra escapatoria, y no es como el cristianismo, que nos obliga a profesar la fe porque venimos de serie marcados por el pecado original. No, aquí el tema es mucho más serio. No formar parte del Estado, es decir, ser individuo, es no existir o permanecer en una especie de limbo en el que estamos vivos de forma física, pero carecemos de marco legal para poder desarrollar la vida. El Estado es así, no te mata, pero te despoja de los derechos fundamentales que monopoliza. Para el Estado sólo existen ciudadanos.

La apostasía no es una opción

En las religiones de la Antigüedad y en las mayoritarias, existe una vía de escape: la apostasía, el proceso que permite desvincularse y renegar de esa fe. Pero ¿sería posible renegar del Estado?

Es posible, sí, existen los mecanismos, aunque el problema aquí son los efectos legales que conlleva, no en el más allá, sino en el más acá.

El principal impedimento es que la *fides Status* ha creado una nueva tipología del hombre. A lo largo de la historia, el ser humano ha sido sujeto pasivo de distintas concepciones de su vida en sociedad desde el prisma religioso, político y cultural con el objetivo de ubicarlo dentro de un contexto ético y legal para garantizar el orden social y el crecimiento. Pero ¿dónde está la principal diferencia?

Desde los albores de las primeras protosociedades, el individuo siempre ha estado sometido a la dirección impuesta por un igual que se erigía como líder de la tribu —dadas sus excelentes capacidades en algún ámbito como la caza, protección, etc.— o por una deidad o institución religiosa cuando estas tomaban forma de sociedad. Aquí el rol del individuo estaba exento de participación en la toma de decisiones, es decir, que el poder se estructuraba de forma vertical y el individuo únicamente podía acatar órdenes y ceñirse al código vigente. Es por ello que se pasa de siervo, plebeyo, vasallo y súbdito sin apenas diferencias entre unos y otros hasta la

Revolución Francesa, que sentó las bases de las democracias modernas y de la nueva concepción del individuo, el cual pasaría a ser ciudadano. ¿Qué conlleva esto? Una serie de derechos y obligaciones para con el Estado a cambio de una membresía obligatoria. Es cierto que en Grecia y Roma ya existían modelos democráticos y el rol de ciudadano, pero estos no eran universales y, además, la aparición del cristianismo como religión-imperio suprimió todo atisbo democrático con el objetivo de centralizar el poder y su gestión en la figura de Dios y la Iglesia y que los ciudadanos pasaran a ser súbditos de nuevo.

El objetivo de la *fides Status* ha sido el de reconvertir feligreses en ciudadanos con derechos a cambio del sometimiento obligatorio. El ciudadano es un modelo de súbdito más avanzado, a quien la fides Status ha incorporado un mecanismo de liberación de presión: la participación en la democracia, es decir, la capacidad de votar y escoger al representante supremo en la tierra del Dios Estado. No obstante, esta nueva responsabilidad podría ser perfectamente un fuego fatuo, dado que la posibilidad de ejercer tu derecho al voto no garantiza que exista democracia, al igual que el derecho a una vivienda, sanidad, educación, etc., aunque ese es otro debate.

Al igual que sucede en el cristianismo, la membresía de esta fe es obligatoria. En el caso católico, porque el recién nacido llegaba al mundo con un pecado capital y, de algún modo, en tu conciencia quedaba bautizarlo o no pese a las presiones sociales y religiosas. Sin embargo, en el caso del Estado no es posible. Si revisamos el contexto de España, no registrar a un hijo en el Registro Civil en un plazo máximo de treinta días desde su nacimiento puede conllevar graves consecuencias para este mismo y para sus progenitores. Para el primero, este no sería considerado ciudadano a ojos del Estado, no podría acceder a derechos básicos ni recibir beneficios sociales, lo cual me recuerda al *Homo Sacer*. El *Homo Sacer* es una figura jurídica de la Antigua Roma que representa a un individuo condenado por un crimen grave, excluido tanto del sistema legal como del religioso. Esta persona podía ser asesinada sin que su muerte fuera considerada un homicidio, pero no podía ser sacrificada en rituales sagrados, lo que lo convertía en un ser fuera de todo orden social. Giorgio Agamben, en su obra *Homo Sacer: El poder soberano y la nuda vida* (1995), rescató este concepto para analizar cómo el Estado moderno crea zonas de excepción donde ciertos individuos son despojados de todo derecho y reducidos a una existencia meramente biológica, sin reconocimiento político ni jurídico. Ejemplos de esta exclusión se encuentran en los campos de concentración nazis, en los prisioneros de Guantánamo y en los refugiados apátridas, quienes, al no poseer ciudadanía, quedan atrapados en un limbo legal sin protección alguna. En este sentido, el *Homo Sacer* encuentra su reflejo en la figura contemporánea del apátrida, un individuo que, al no ser reconocido por ningún Estado, queda al margen del Derecho, privado de identidad política y de acceso a cualquier tipo de salvaguarda legal. Tanto el *Homo Sacer* como el apátrida comparten una característica esencial: son seres humanos cuya vida puede ser extinguida sin que esto tenga consecuencias para el poder soberano. Así, Agamben señala que la capacidad del Estado para decidir quién es incluido o excluido del orden jurídico define su verdadero poder, y que en la era moderna los campos de detención, los refugiados y los perseguidos políticos se han convertido en los nuevos *Homo Sacer*, testigos de una violencia que se ejerce desde la legalidad misma.

En resumen, a pesar de las presiones sociales y religiosas, sí es posible o al menos hay una elección a la hora de formar parte de una religión (por ejemplo, el cristianismo), ya que el castigo supremo se impondría tras la muerte, por lo que el sujeto es propietario único e indiscutible de su vida. En el caso del Estado, no existe esa opción, dado que, de no hacerlo, el sujeto pasa a no existir y a no ser propietario ni de sus hijos, ya que el Estado podría reclamar la patria potestad y, por la fuerza, convertirlo en ciudadano adscrito a un código económico, legal y político que no ha firmado. Por supuesto, en caso de no adaptarse y cumplirlo, el Estado tiene plena capacidad para atentar de forma directa contra los derechos fundamentales del sujeto. Porque ese es el principal motivo para que el Estado pueda atentar contra la vida del individuo en cualquiera de sus concepciones, todo derecho está sujeto a la inviolabilidad del código interpuesto por el ente supremo.

Llegados a este punto, sabemos que estamos obligados desde nuestro nacimiento a formar parte del Estado como ciudadanos, pero ¿podríamos apostatar? Es decir, ¿existe una puerta trasera de salida? Sí, pero no tiene efecto alguno, ya que para poder vivir en sociedad, tener derecho a acceder a un puesto de trabajo, propiedades, sanidad y, en definitiva, a todo aquello que es vital para poder desarrollar una vida humana, debemos ser ciudadanos o, lo que es lo mismo, pertenecer a alguna de las sectas asociadas al modelo de fe estatal denominadas «países».

A pesar de lo citado anteriormente, existe una figura no reconocida o que no pertenece a ningún país: el apátrida. Para conocer su definición vamos a consultar la Convención sobre el Estatuto de los Apátridas adoptada en Nueva York, Estados Unidos, el 28 de septiembre de 1954 por una Conferencia de Plenipotenciarios convocada por el Consejo Económico y Social en su resolución 526 A (XVII), de 26 abril de 1954:

Artículo 1.- Definición del término «apátrida»

1. A los efectos de la presente Convención, el término «apátrida» designará a toda persona que no sea considerada como nacional suyo por ningún Estado, conforme a su legislación.

2. Esta Convención no se aplicará:

i) A las personas que reciben actualmente protección o asistencia de un órgano u organismo de las Naciones Unidas distinto del Alto Comisionado de las Naciones Unidas para los refugiados, mientras estén recibiendo tal protección o asistencia.

ii) A las personas a quienes las autoridades competentes del país donde hayan fijado su residencia reconozcan los derechos y obligaciones inherentes a la posesión de la nacionalidad de tal país.

iii) A las personas respecto de las cuales haya razones fundadas para considerar:

a) Que han cometido un delito contra la paz, un delito de guerra o un delito contra la humanidad, definido en los instrumentos internacionales referentes a dichos delitos.

b) Que han cometido un delito grave de índole no política fuera del país de su residencia, antes de su admisión en dicho país.

c) Que son culpables de actos contrarios a los propósitos y principios de las Naciones Unidas.

Lo que queda claro es en qué escenarios no se considera la apatridia. Para encontrar un poco más de información sobre qué es realmente o en qué casos las personas pueden carecer de patria o nacionalidad, veamos lo siguiente:

1. Vacíos en las leyes de nacionalidad

Cada país establece sus propios criterios para la adquisición de la nacionalidad. Sin embargo, en ocasiones, estos marcos legales presentan lagunas que pueden dejar a ciertas personas sin reconocimiento nacional. Por ejemplo, si un niño nace en un país donde la ciudadanía se transmite solo por descendencia y sus padres no pueden transferirle su nacionalidad, queda en un limbo legal.

2. Discriminación

Las leyes y políticas de algunos países pueden negar la nacionalidad a ciertos grupos debido a su identidad racial, lengua o creencias. Esta discriminación puede llevar a la apatridia de comunidades enteras, condenándolas a generaciones de marginalización. Muchas de las poblaciones apátridas en el mundo pertenecen a minorías históricamente perseguidas, cuyo estatus de exclusión se mantiene por decisiones políticas y legislativas.

Dentro de este contexto, la discriminación de género también juega un papel crucial. En algunos países, las mujeres no pueden transmitir su nacionalidad a sus hijos en igualdad de condiciones que los hombres. Como consecuencia, si el padre es apátrida, desconocido o ha fallecido, la descendencia puede quedar sin nacionalidad y sin los derechos asociados a ella.

3. Cambios territoriales y creación de nuevos Estados

Las modificaciones en las fronteras o la independencia de un territorio pueden dejar a ciertos grupos sin reconocimiento nacional, incluso si los nuevos Estados ofrecen mecanismos de integración. En muchos casos, las minorías étnicas y religiosas encuentran dificultades para demostrar su vínculo con un país recién creado, quedando en una situación de indefinición jurídica.

4. Pérdida o privación de la nacionalidad

Algunas legislaciones permiten retirar la nacionalidad a sus ciudadanos si residen fuera del país durante un tiempo prolongado, lo que puede convertirlos en apátridas si no han adquirido otra nacionalidad. Asimismo, la falta de documentos oficiales, como el certificado de nacimiento, puede poner en riesgo el reconocimiento de una persona dentro del sistema legal, impidiéndole acceder a derechos fundamentales.

En todos estos casos, la apatridia no solo priva a las personas del reconocimiento de un Estado, sino que también las deja en una situación de vulnerabilidad extrema, sin acceso a educación, sanidad o empleo formal. Por tanto, es un problema global que requiere soluciones jurídicas y humanitarias para garantizar los derechos de quienes viven sin una identidad legal reconocida.

Al contrario que en el catolicismo, que podemos solicitar de forma voluntaria la apostasía, en el caso de la apatridia no se puede solicitar, sino que es la propia entidad de la fe quien nos exilia al limbo legal en el que no se puede desarrollar una forma de vida al uso. No solo no nos obliga a pertenecer a una de las sectas locales —entiéndanse como países—, sino que también se nos castiga con la exclusión o la categorización casi de *Homo Sacer* según los supuestos analizados anteriormente y, además, se podría dar que sea el propio Estado el que nos prive de la nacionalidad y pueda confiscar nuestros bienes y propiedades.

La clave de todo esto reside en que cambiamos la ley de Dios por la ley del hombre y, lo más importante de todo, es el cambio de concepción del individuo. Este nace como ser humano limpio de toda traza de vinculación a nada y se convierte en súbdito de Dios al tomar el bautismo eliminando así el pecado capital. Esta vinculación durante la vida del súbdito de Dios apenas tiene trascendencia en lo que se refiere a materia de derechos, dado que la vinculación se basa en el cumplimiento del imperativo divino para una eternidad de gozo, y luego ya tú mismo te buscas el modo de sobrevivir en el mundo terrenal. El Estado, en cambio, modifica esa relación y te da unos derechos que son necesarios para desarrollar la vida como ser humano, y no solo eso, sino que los monopoliza, y para acceder a ellos debes convertirte en ciudadano, dejando de lado todas tus libertades como ser humano a cambio de una serie de derechos que, se presupone, deberían ser inherentes. Pongamos el ejemplo del derecho a la vida. Este derecho fundamental es inherente a cualquier ser humano, nadie puede atentar contra él salvo el Estado. ¿En qué casos? En el caso de las penas de muerte, las guerras o el uso desmedido de la fuerza. Todas estas casuísticas tienen un denominador común, que es la violación de algún tipo de ley o una acción contra este mismo y el mantenimiento de orden. No obstante, si nacemos y nuestros padres no nos registran, no obtendremos el estatus de ciudadano y no podremos acceder a derechos monopolizados por el Estado y que garantizan la vida. No podríamos conseguir un empleo y ganar dinero para comprar alimentos; tampoco podríamos acceder a la compra de una propiedad o no nos podría atender un médico. ¿Se podría vivir fuera de este marco? Prácticamente no. ¿El Estado no estaría negando, de este modo, el derecho a la vida? No, pero sí a las herramientas para poder desarrollarla.

Tiempo, responsabilidad y muerte

La concepción del tiempo, la responsabilidad y la muerte son los tres pilares básicos sobre los que se han construido todas las religiones del mundo, tanto las dhármicas como las abrahámicas. La concepción de estos tres factores va a ser fundamental para el sometimiento al imperativo divino registrado en el texto sagrado, en este caso, las constituciones. Pues bien, la *fides Status* ha sido capaz de escoger los puntos clave de unas y otras para construir una fe que maximiza la vida de sus feligreses y la exprime hasta niveles insanos.

Si para las religiones abrahámicas la vida era un breve paso por el mundo para alcanzar la eternidad, la *fides Status* toma su base en el vitalismo de los dogmas dhármicos. ¿Por qué? Pues básicamente porque el Estado (Dios en este caso) forma parte del individuo y su mayor obra es la cooperación y su aporte para crear uno mejor. En otras palabras, la *fides Status* ha sido capaz de responsabilizar al individuo no solo de sus acciones, sino del impacto futuro de estas para con el futuro Estado que heredarán las próximas generaciones venideras. Analicemos esto por partes.

La muerte para las religiones abrahámicas es la salvación, es la vía de entrada a la eternidad llena de gozo y sufrimiento, pero, digamos, el Estado necesita a entes vivos capaces de dar su mejor versión no para algo tan abstracto como una sociedad o mundo mejor como indican los principios dhármicos, sino para aportar todo lo que el Estado necesita para alcanzar ese nirvana en el mundo terrenal vía estado del bienestar. Lo que antes era un individuo libre ahora es un ciudadano que forma parte de una cadena de producción. Por eso es tan importante su vida, porque ahora tiene un valor de producción y no un alma. O, si no, ¿por qué la medicina ya no se centra únicamente en curar enfermedades y busca mejorar y alargar la vida de los seres humanos? ¿Por qué el propio Estado es quien lidera siempre una batalla en pro del sistema de salud pública? Porque nadie quiere morir o al menos que te mueras hasta haber sido rentable para ellos. Asimismo, la muerte ha adquirido en este relato una nueva concepción, ya que, si antes era el inicio de la eternidad, ahora es el fin del todo. Pasa de tener un carácter positivo o casi inocuo, como se puede apreciar en las religiones dhármicas y las abrahámicas, a tener una concepción negativa basada en el terror y, más importante aún, en que se acaba con todo, no hay nada más allá. Pero detrás de este cambio del relato hay una modificación sustancial, y es que el sujeto pasa de la vida contemplativa a la vida activa. Ahora la muerte es el catalizador de la vida, es la que empuja a la toma de decisiones y destierra a la pereza, tan necesaria en procesos introspectivos que mejoran el autoconocimiento y forjan la identidad de uno mismo. Pero no, la vida activa nos hace esclavos de ella, nos arrolla y contempla la existencia como una cuenta atrás desde que nacemos, por lo que no hay tiempo para tomar decisiones, para conocerse o para estar quieto;

solo existe para moverse, para vivir y contribuir desde la autorresponsabilidad a la maquinaria no teocrática.

La *fides Status* toma de las religiones dhármicas la perspectiva vitalista y la adapta a un modelo en el que el tiempo se concibe de forma lineal. Dado que Dios no existe y la muerte es el fin de toda existencia, la vida cobra un valor fundamental y el mantra es exprimirla al máximo dada su finitud. Con ello, el individuo en lo que se convierte ahora es en un corredor; no transita la vida, la corre, la esprinta cada vez a mayor velocidad, puesto que la muerte es una cuenta regresiva en dirección a la nada, lo cual también genera que no haya un espacio dedicado a la reflexión. Nos hemos convertido en máquinas de tomar decisiones rápidas, puesto que la velocidad nos garantizará dar más vueltas al circuito de la vida. Esta no se presenta como un camino del conocimiento, de la experiencia a nivel cualitativo, de aprendizaje, sino que todo se reduce hacia la cuantificación, al vago argumento del cuanto más, mejor.

Independientemente de la concepción del tiempo como lineal o circular, en las dhármicas y abrahámicas no interviene la cuantificación de este, sino que en ambas es infinito, tanto como si resucitas o te reencarnas. La cuantificación viene de la mano de la secularización, dado que se extirpa esa prórroga infinita que nos otorga la muerte y su capitalización se constata a raíz de la Revolución Industrial. La fórmula es precisa y draconiana, ya que dota de valor, en términos económicos y sociales, a un elemento que es abstracto.

Y no solo eso, sino que también hay que defender al Estado contra todo tipo de amenaza, ya sea otra nación o simplemente otro dogma antagonista. Ciudadanos y custodios de lo sagrado, el Estado, el cual se construye y mantiene únicamente bajo nuestra responsabilidad y sacrificio, puesto que nosotros formamos parte de él y él se construye con nosotros. Esto recuerda, sin lugar a dudas, a brahma, principio cósmico absoluto y eterno del que emana todo lo existente que, en un nivel profundo, no es algo separado de nosotros, sino nuestra verdadera naturaleza más allá del ego y las identificaciones mundanas. Es clave comprender que ese principio del que emana todo lo existente es el Estado, porque mediante el vínculo que mantiene con el individuo, categorizándolo como ciudadano y despojándolo de toda libertad individual, se erige como el ente que es capaz de proveer todo lo necesario para la vida en la sociedad estatista: vivienda, trabajo, sanidad, educación, etc. La única diferencia entre Estado y brahma es que ese «todo lo existente» en el primer caso es material y en el otro, espiritual.

Para que «todo lo existente» se materialice se necesita una ciudadanía responsable y que comprenda que, gracias a su cooperación, «todo lo existente» es posible y sostenible en el tiempo. El mecanismo que hace posible esto es la violencia económica y su arma, los impuestos, que no son una contribución voluntaria, sino una exacción impuesta por el Estado bajo la amenaza de sanciones legales, multas o incluso el uso de la fuerza en casos extremos (embargos, prisión, etc.) Si tú aportas al Estado, eres parte de él. De este modo, el ciudadano es autorresponsable no por convicción y cooperación, sino por coerción, y la autorresponsabilidad en este caso funciona como un mecanismo de autoconvencimiento con la causa estatista.

Esta autorresponsabilidad se plasma, igualmente, en una ciudadanía que también forma parte del cuerpo de preservación estatista. En la actualidad vivimos una cruzada, como en el medievo, pero con el Estado como eje vertebrador y dedo acusador. El Estado apunta, selecciona y da la orden para acabar contra todo núcleo de pensamiento divergente que ponga en duda cualquier relato construido desde su posición, ya que, como en las religiones, este imperativo divino no está sujeto a interpretaciones, sino que se acata. En lugar de un tribunal inquisidor, tenemos un tribunal mediático y social capaz de anular a cualquier hereje; una máquina perfectamente engrasada que ya no necesita recurrir a las torturas, simplemente a la exposición y escarnio público que te apartan de toda actividad económica y te privan así de una vida cuya rueda gira gracias al dinero. De este modo, cada vez son menores las voces en contra desterrando el uso de cualquier tipo de violencia.

En la *fides Status* no cabe el principio de segunda oportunidad como sí cabía en las religiones dhármicas y abrahámicas. De ahí que la autorresponsabilidad transmute en autocensura, porque no hay red de seguridad ni punto de guardado. Pongamos un ejemplo: si en las religiones dhármicas la reencarnación se proyectaba como aprendizaje de las vidas anteriores, como ejercicio reflexivo para tener un mejor karma y alcanzar el nirvana, en el cristianismo no es muy distinto. En este caso, tenemos un borrón y cuenta nueva con la confesión de nuestros pecados, arrepentimiento sincero, conversión y propósito de enmienda. En las Sagradas Escrituras queda constancia: «Yo borraré tus transgresiones y no me acordaré más de tus pecados» (Isaías 43:25). En cambio, en la *fides Status* no hay principio de segunda oportunidad. Cuando un súbdito atenta contra el ente supremo o peca, el Estado cae con toda su fuerza contra el ciudadano. Primero, lo castiga; luego, lo priva de su libertad en un centro de reeducación y, por si no hubiera sido suficiente, vuelve a la sociedad con la marca de Caín, o lo que es lo mismo, antecedentes penales. Lo primero de todo es que la ley del hombre, *lex hominum*, es punitivista incluso hasta después de haber cumplido la pena. En muchos países, estos antecedentes penales conforman una mancha en el expediente social del ciudadano que lo incapacita para desarrollar ciertos tipos de trabajos o acceder a la vivienda y le afecta también a su libertad de movimiento. Así, cualquier persona puede que se lo piense dos veces antes de actuar contra la voluntad estatista.

El hombre que transita esta fe, el de la modernidad tardía, no es un hombre nuevo, ni siquiera un hombre renacido. Ese hombre que transita las aceras de las grandes ciudades no ha creado nada, simplemente es el resultado de algo, de una mezcla que ni siquiera él ha imaginado. Si me permitís el símil, este hombre se construye con todas las ramas, fango y guijarros que arrastra la riada por su paso y que deposita en sus desembocaduras. Es un hombre que debe convivir con su propia naturaleza construida a base de retales. A pesar de que su paso por la tierra es indiferente, este pseudociudano, unas veces esclavo y otras, miembro de la polis, es un todo y nada a la vez. Es un hombre que nace por imperativo sistémico, vital para el sistema, pero insignificante para sí mismo. Es transparente como un holograma o un fantasma que aún tiene cuentas pendientes con lo terrenal. Su autopercepción es de hombre hecho a sí mismo, pero no es más que un compendio de piezas mal ensambladas sin manual de instrucciones. Es el máximo exponente del *auto*. Autorresponsable, autónomo, autodidacta, autocrítico, autocurativo, autómata con piel y sentimiento de culpabilidad. Es juez y verdugo. Este hombre es una creación por y para el sistema. Triste, transparente, autorresponsable. Sobrevive. El todo y la nada. Ser y no ser. El *Homo Status.*

Asimismo, la autorresponsabilidad, de forma paradójica, libera de toda culpa al Estado, ya que, si, por ejemplo, el líder supremo de turno tiene una gestión nefasta, los responsables son los ciudadanos por no haber escogido con mayor criterio; si la sanidad no funciona correctamente, es porque no hay suficientes recursos económicos por parte de los ciudadanos; si no hay vivienda, es porque ciertos ciudadanos están aglutinando un bien considerado de primera necesidad; en caso de una crisis económica, la gestión y previsión de esta es cuestión del sistema económico, nunca de la estructura estatal. Entonces, si nosotros somos quienes construimos el Estado y todo lo existente en forma de derechos sociales vía impuestos y, a la hora de responder ante ciertas eventualidades nuestro ente supremo descarga todo tipo responsabilidad, ¿por qué es necesario un Estado?

Concepto	Religiones Dhármicas (Hinduismo, Budismo, Jainismo, Sijismo)	Religiones Abrahámicas (Judaísmo, Cristianismo, Islam)	Fides Status
Dios	Politeísmo, monismo o no-teísmo (depende de la tradición). Ej: Brahman, devas, ausencia de Dios en el Budismo.	Monoteísmo estricto. Ej: Yahvé (Judaísmo), Dios/Trinidad (Cristianismo), Alá (Islam).	Monoteísmo estricto. El Estado es el único ente supremo
Concepción del tiempo	Cíclica (samsara, reencarnación, eras cósmicas).	Lineal (creación, juicio final, vida eterna o condena).	Lineal, basado en la historia y el progreso humano.
Escrituras sagradas	Vedas, Upanishads, Tripitaka, Guru Granth Sahib, etc.	Tanaj, Biblia, Corán, etc.	Constitución, códigos legales, tratados internacionales.
Rol del individuo	Buscar el dharma, moksha (liberación), nirvana o buen karma según la tradición.	Obediencia a Dios, seguir mandamientos, alcanzar salvación/redención.	Cumplir leyes, derechos y deberes ciudadanos.
Vida más allá de la muerte	Reencarnación, moksha (liberación), nirvana (cesación del sufrimiento).	Cielo, infierno, resurrección final.	Más allá de la muerte no hay nada.

Apostasía	Sí. En algunas tradiciones, se acepta como parte del camino espiritual.	Sí. Puede ser castigada (Islam), mal vista (Cristianismo, Judaísmo), o tolerada según la rama.	No. Ningún ciudadano puede carecer de patria salvo de forma eventual.
Estructura de la fe	Diversa, con múltiples escuelas y prácticas. No siempre hay una jerarquía central.	Suele haber una estructura jerárquica (Iglesia, clero, ulemas, rabinos).	Organizado en instituciones políticas y leyes.
Redención	Liberación del samsara (ciclo de reencarnaciones) a través del karma, dharma, meditación o gracia divina.	Salvación por la gracia de Dios, fe, buenas obras, o cumplimiento de la ley divina.	Paso por centro de reeducación (prisión) y posteriormente se marca con antecedentes penales.
Concepción de la vida	La vida tiene un carácter central puesto que es el camino para alcanzar la perfección.	Es un pequeño tránsito hasta la eternidad.	La vida es el propósito del ciudadano. No hay nada más allá
Concepción de la muerte	No es el fin, sino una transición a otra existencia a través de la reencarnación o liberación.	Paso definitivo hacia la eternidad (cielo o infierno) según el juicio de Dios.	Un hecho biológico regulado por derechos humanos y sanitarios.
Concepto de responsabilidad	Autorresponsabilidad	Bajo imperativo divino y voluntad de Dios	Basado en la ley: responsabilidad penal, civil, social y ética.

EPÍLOGO

La historia ha sido testigo de que la fe es un elemento indispensable para la cohesión y evolución de las sociedades, ya sean monoteístas, politeístas o sin una deidad concreta, es más, no solo para estos primeros, sino para dar explicación al mundo que rodea al ser humano. No obstante, la fe con su estructura y dogmas satélites también ha sido responsable de los mayores periodos de inestabilidad, represión y violencia. La fe, efectivamente, es un arma de doble filo capaz de mutar y convertirse en un modelo de estructura u ordenamiento social hasta la llegada del verdadero Dios: el hombre, quien así se autoproclamó tras considerar que él era el verdadero creador. Al menos del relato.

El dogma del siglo XXI, la *fides Status*, está siendo devorado a causa de la propia naturaleza de la modernidad tardía por muy paradójico que parezca. A pesar de que el Estado ha sido una entidad suprema que ha sido capaz de sobrevivir a todos, no queda muy claro que vaya a lograr salir indemne no solo al proceso de deconstrucción fruto de este periodo, su cuestionamiento o corrupción, sino por la aparición de la inteligencia artificial (IA).

Es preciso observar el mundo que nos rodea a día de hoy, en el que se da la particularidad de que el mundo de los hombres todo es y no es a la vez, se reconfiguran conceptos, términos y leyes que parecían inamovibles en un ejercicio extremo de aplicar lo líquido a estructuras que deben ser pilares fundamentales. Dentro de toda esta vorágine conceptual, de resignificación a camino entre la posverdad y la verdad, la inteligencia artificial parece ser el elemento que ofrece respuestas a todas las preguntas. Si la religión tradicional estructuró el mundo en base a la fe en un ente divino y la *fides Status* lo hizo a través del Estado y su estructura burocrática, la IA introduce una nueva dimensión en la que la fe en los datos y la algoritmia reemplaza la necesidad de una voluntad humana consciente. ¿Cuántas decisiones personales ya no son tomadas por el individuo, sino por sistemas de recomendación?

¿Hasta qué punto confiamos en que una máquina puede interpretar el mundo mejor que nosotros mismos?

Igualmente, los dispositivos como los teléfonos móviles, relojes inteligentes y pulseras de actividad, que en unos años serán sustituidos por microchips y sistemas de nanotecnología integrados en el cuerpo humano, constituirán la base del transhumanismo, y con la ayuda de la inteligencia artificial podremos conocer todos nuestros parámetros e indicadores biológicos, controlarlos y mejorarlos. La IA será la fuente de conocimiento universal, así como también del particular. Llegado un momento, estos dispositivos podrán evitar que causemos perjuicios sobre nuestros propios cuerpos con indicadores de riesgo o incluso de inhabilitación. Imaginad un diminuto microchip incrustado en la médula espinal, diseñado para analizar en tiempo real los datos asociados a conductas violentas y homicidas. Cuando detecte una combinación específica de compuestos químicos en el cerebro que indique una intención agresiva, activaría una leve descarga incapacitante, neutralizando la amenaza antes de que se materializase para lograr acabar con los homicidios, creando así sociedades más seguras dado que podría estar en todas partes.

La inteligencia artificial será capaz de conjugar la tríada divina: omnipotente, omnipresente y omnisciente.

Es por este motivo que las principales potencias mundiales han iniciado la carrera por ser las primeras en poseer esta tecnología divina, para crear un Estado único con un dogma inquebrantable capaz de someter a todos bajo su puño de hierro.

Pero no debemos olvidar una cuestión: así como el humanismo condujo a la secularización y la *fides Status*, la inteligencia artificial será el catalizador de la *fides machina*.

BIBLIOGRAFÍA

Nietzsche, Friedrich. *La gaya ciencia* (1882). Editorial Alianza.

Nietzsche, Friedrich. *El anticristo* (1895). Editorial Alianza.

Rousseau, Jean-Jacques. *El contrato social* (1762). Editorial Losada.

Spengler, Oswald. *La decadencia de Occidente* (1918). Editorial Espasa-Calpe.

Engels, Friedrich. *El origen de la familia, la propiedad privada y el Estado* (1884). Editorial Siglo XXI.

La Biblia. Versión Reina-Valera (1960).

El Corán. Versión traducida por Julio Cortés.

Bhagavad Gita. Edición de Juan Mascaró. Editorial EDAF.

Popol Vuh. Versión de Adrián Recinos. Editorial Fondo de Cultura Económica.

Agamben, Giorgio. *Homo Sacer: El poder soberano y la nuda vida* (1995). Editorial Pre-Textos.

Durkheim, Émile. *Las formas elementales de la vida religiosa* (1912). Editorial Losada.

Weber, Max. *La ética protestante y el espíritu del capitalismo* (1905). Editorial Península.

Eliade, Mircea. *Lo sagrado y lo profano* (1957). Editorial Kairós.

Assmann, Jan. *La revolución mosaica* (1997). Editorial Amorrortu.

Taylor, Charles. *La secularización* (2007). Editorial Katz.

Bellah, Robert N. *Religión en la evolución humana* (2011). Editorial Alianza.

Harari, Yuval Noah. *Sapiens: De animales a dioses* (2014). Editorial Debate.

Harari, Yuval Noah. *Homo Deus: Breve historia del mañana* (2016). Editorial Debate.

Escohotado, Antonio. *Los enemigos del comercio* (2008). Editorial Espasa.

Byung-Chul Han. *La sociedad del cansancio* (2010). Editorial Herder.

Byung-Chul Han. *La expulsión de lo distinto* (2017). Editorial Herder.

Handke, Peter. *Ensayo sobre el cansancio* (1990). Alianza Editorial

Escohotado, Antonio. *Historia General de las Drogas I* (1999). Espasa Calpe.

Esta edición de *Fides Status. De la fe en Dios al culto de Estado*, de Alejandro Castaño Rodríguez, terminó de imprimirse en abril de 2025.